播音与主持艺术专业"十四五"规划教材

电视新闻播音主持教程

第三版

仲梓源 ◎ 著

TV NEWS PROGRAM
PRESENTING &. HOSTING
TUTORIALS

[SECOND EDITION]

播音与主持艺术专业核心教材

中国传媒大学出版社

·北京·

第三版修订说明

《电视新闻播音主持教程》从第一版出版发行至今,经过十多年的广泛使用和几轮修订,已经成为逾百所高校相关课程的教材。很多读者和高校教育的同行以及实践一线的同人都通过各种方式反馈了极其宝贵的意见和建议,大家的鼓励支持是我们不断改进的动力!借本次修订之机,对大家表示由衷的敬意和谢意!

本次修订在第二章"电视新闻消息播报"更新了很多时下的实例分析和练习材料;鉴于媒体的发展和移动通信技术的日新月异,将第五章"电视新闻现场报道"第三节"连线报道"中的表述进行了调整,比如将"远程电话连线采访报道"改为"远程音频连线采访报道",将"卫星电视连线采访报道"改为"远程视频连线采访报道",体现新技术助力下传统媒体新闻传播的演变。

如今,新闻媒体的发展已经进入融媒体时代和智能媒体时代,本教程仍然沿用最初的书名,因为电视媒体在几十年的发展中创新并积累了极具普适意义和经典意义的相关理论与实践经验,囊括了从内容到形式的不同新闻节目样态,以及最终呈现并与受众直接进行传播、交流的新闻播音员主持人的语言样态,这些都与新闻的本质以及电视新闻特质有着极高的契合度。未来新闻传播介质还会有所变化,相信电视新闻传播已有的理论依据和实践经验还会在相当长的时间内具有教学的意义和价值。

在新的阶段,为满足各个高校的教学实践需求,"电视新闻播音主持教程"已经有了配套的慕课、线上线下混合式教学课程规划和辅助教材,让我们拭目以待!

仲梓源

2024 年 7 月 1 日

第二版修订说明

《电视新闻播音主持教程》自2008年出版至今,成为几十所院校播音与主持艺术专业相关课程的教材。很多热心读者反馈了阅读感受和学习体会,提出了很多宝贵意见和建议,这些都成为本次修订的依据。在此,我向广大读者表示衷心的感谢!

本书的读者比较广泛,既有院校播音与主持艺术专业的教师和学生,也有播音主持艺术爱好者,还有一线的播音员和主持人……总之,广大读者的学习热情和意见建议都让我倍感欣慰,也让我获得了继续前行的动力。

媒体融合时代,新闻事业发展迅速,电视新闻播音主持事业不断拓展和进步,播音主持专业的教学理念和教学方法也需与时俱进。因此,在修订中,我做了以下调整:将第二章"电视新闻消息播报"中第二节的实例解析、第三节的补充练习材料以及第三章"电视新闻节目主持"中第五节的补充练习材料等进行了更新。遗憾的是,由于音视频版权等问题,这次修订没有提供音视频链接,只能在下次修订时尽可能予以弥补了。

本书仍存在不足之处,希望广大读者不吝赐教,继续提出宝贵意见和建议,让我们更好地为您服务!

仲梓源

2018年10月28日

序　言

仲梓源同志曾经在江苏广播电视总台工作了8年，其间担任过卫视频道新闻主播，参与过大量新闻采访、专题解说和各种主持工作，实践经验比较丰富。他曾就教于播音艺术家陈醇教授，在我校播音主持艺术学院硕士毕业后留校任教，讲授电视新闻播音主持课程。本教程就是他的研究成果。

在本书中，仲梓源同志从电视新闻播音主持概述、电视新闻消息播报、电视新闻节目主持、电视新闻访谈、电视新闻现场报道五个方面进行了理论界说和现状概述，并结合具体类型进行了论述，还附有大量的练习文稿以及分析和提示，每一章节都有思考练习题。作为教程，本书的体例是比较完备的。

理论问题，目前虽然有不同的见解，但基本上都遵循着新闻传播的规律和要求，只是深浅、详略的差别。即使如此，在新闻播音主持方面的研究，必须明确论题的逻辑起点。在这一点上，就产生过不小的分歧。有的强调新闻节目的策划，有的突出新闻稿件的写作，有的坚持新闻眼的提取，有的力求获得新闻的新鲜感，有的认为理解新闻稿件非常重要，有的认为表达技巧的把握才是关键……其实，新闻节目的播音主持，首先是对新闻节目内容和形式的掌握，其次是据此进行的有声语言表达（包括用气发声、吐字归音、理解感受、表达技巧）。此逻辑起点，体现了具有专业水准的个性，而并非所有新闻工作者的共性。只有如此，才能深入下去，探索出一般中的特殊、普遍中的个别。

实践问题，尽管当前出现了多样的形态，并都一再强调自身形态的优势和价值，甚至不惜无视共性、颠覆传统、缺乏前瞻、满足当下。这就给新闻节目的播音主持创新带来了感性的束缚和理性的屏蔽。例如对于"新闻播报"的贬低，对于"锁新闻"的吹捧；对于"应变能力"的片面认识，似乎重大消息的播出、政策分寸的把握、新鲜感的获得、紧急稿的处置……都不属于应变能力；对于新闻传播中真实准确、迅捷密集的要求，只是加快语速，而不管信息的丢失、损耗与失效；对于新闻播报中庄重大方、质朴含蓄的中国作风和中国气派，采取否定的态度，一味追求"活泼""亲切""自然"，表现出某种形而上学和形式主义倾向。可以说，还没有真正了解新闻传播的根本性质和最终任务。

在教学上，我们仍然坚持"大课讲授共性理论，小课诊治个体症结"的有效途径。但要因材施教、教学相长，要提高课时效率，要讲究教学方法。特别要遵循"从难、从严、科学的、大运动量的训练"方针，充分发挥学生的积极主动性；要让尖子生吃饱（前瞻性引导），一般生吃好（推进性带动），后进生吃少（发奋性觉醒），从而根据他们的消化吸收能力，循序渐进地提高他们的语言功力和专业水平。新闻播音主持，要增强"先睹为快""一吐为快"的新闻传播意识，要加重"喉舌功能""服务受众"的社会道德责任。训练材料的可选择性与教学指导的可融通性应该结合起来，以便进一步明确新闻价值和语言功力的关系，回环往复形成习惯，在新闻传播的共性基础上，实现语言样式的个性表达。

新闻播音的艺术表达包含具体的语言规格：

"**字正腔圆、呼吸无声**"——言简意赅的无噪音传播。

"**感而不入、语尾不坠**"——有动于衷的无滞留传播。

"**语势平稳、节奏明快**"——有张有弛的无板结传播。

"**新鲜感强、基调各异**"——一吐为快的无定势传播。

"**分寸恰切、语流畅达**"——主次分明的无损耗传播。

这个规格,是根据新闻传播的基本要求和新闻要素的基本架构综合而来的,是我国新闻传播经验和各国新闻传播特点融合而成的。我们在训练时,认识上、驾驭中,都还存在着一定差距;且应该加以重视,并在教学中认真落实。

目前,中央电视台的《新闻联播》,已经成为新闻播音的典范,是我们专业学生奋斗的最高目标。但并非要求大家都进入这个节目,而是要努力达到这样的播音水平。只有如此,我们的新闻播音才能在同世界强势媒体的竞争中开掘出无穷的潜力,显示出强大的实力。仲梓源同志的《电视新闻播音主持教程》一书,在比较浅显和通俗的层面上,启蒙式地解读了电视新闻播音主持的基本常识,给初学者提供了训练的路径和材料。这是他的一次尝试,无疑也是他的贡献。我们的年轻老师们,都应该下功夫研究教学,研究学问;都应该拿起笔来,去写教材,去写论著。写出的东西,并不一定就是完美的,肯定还会有某些不足;但可以继续深入研究,继续修改,继续提高。关键是要心无旁骛、专心致志,尽力做到"乐于在场,勇于出席,善于发言"。

在仲梓源同志的《电视新闻播音主持教程》一书即将出版之际,我啰唆了这些话,是对他取得的成果表示祝贺,也是对书中的内容进行的点滴补充。权作小序,仅供参考。

张 颂
2008年1月6日于"三书屋"

前　言

从 1958 年中国的第一个电视台——北京电视台（中央电视台前身）建立和开播，到现在已经走过了 60 多个年头了。无论节目的类型和数量，还是节目的内容和形式，在这 60 多年中都有了突飞猛进的发展和日新月异的变化。从新中国电视开播到现在，虽几经变革但却始终如一的电视节目就是新闻，最受关注的节目是新闻，最受欢迎的节目也还是新闻。

电视新闻属于传播学和新闻学的范畴，但是在具体的新闻传播过程中又与语言学、美学有了交叉，这个交叉点就是我们的电视新闻播音主持。虽然广播电视语言艺术是一门交叉学科，但是随着广播电视的发展，这门新兴的学科日益受到重视，研究方向和研究内容也逐步细化和深入。

电视新闻在技术和传播手段上有其鲜明的特点和优势，因此电视新闻播音主持也相应地具有其特有的表达手段和技巧。在播音主持艺术当中，电视新闻播音主持多年来一直是研究和教学的重点，几代电视新闻播音人和专家学者积累的成功经验已经为现在的电视播音主持事业奠定了扎实而有效的理论和实践基础。

记得在 20 世纪 90 年代初期我当学生的时候，电视节目已经备受关注，广播节目应对形势进行了一系列的思考和改革，发挥了广播特点和优势的广播节目迎来了又一个春天，一时间各种系列电台频率的出现，让当时的人们对广播直播节目中拨打热线电话兴趣十足。那个时候的电视节目尽管广受欢迎,但是电视频道和电视节目并没有现在这么多,节目内容和形式也没有现在这样丰富,很少有像广播节目那样的直播和互动。电视节目有很多自己的创新,但是更多的时候好像是广播和报纸的"图像版",人们对电视节目的期望和要求在逐步提高。

那个时期播音主持艺术专业的教学和练习大多数还是基于广播节目,无论是稿件播读要求还是语言表达方式大都是按照广播的特点和要求进行的,电视新闻播音理论和技巧只有简单的几个章节来阐述,教学设备也非常简陋,到了毕业前才有的每周两节电视播音主持实验小课,落实到每个同学身上可能也只有不到十分钟。对于电视播音主持来说,当时大家的起点都一样,对电视播音主持也都一知半解,甚至还幼稚地认为只要形象好就可以当电视新闻播音员、主持人。

就在我大学毕业的时候,中国的电视事业发生了巨大的变革,一时间人们对电视的思考、对电视新闻节目的思考都那么汹涌澎湃,对于刚刚走出校门从事电视新闻播音主持工作的我来说,一切业务知识都是在有限的电视新闻播音主持理论中汲取和在大量的工作实践当中摸索的。

当我毕业8年后攻读硕士研究生的时候,让我感慨的是无论电视新闻播音主持艺术的理论研究还是科研教学都早已是一派欣欣向荣的景象了。现在的在校生对电视新闻播音主持的把握和驾驭能力,不但让我刮目相看,更让我生发一种今非昔比的羡慕之情。

毕业留校任教后我在电视教研室工作,被派往中国传媒大学南广学院任教的时候,我主要负责大三年级一门新闻播音主持方向课程的教学任务。这门课程的目的主要是有针对性地对掌握了一定语言表达技巧的高年级学生进行专业性更强的教学和训练。这一年的教学任务没有现成的教学计划和大纲,更没有配套的教辅材料,我又一次在前辈的理论基础上结合当前实际进行探索。课程教学依然将新闻消息的播报当作重中之重,并辅以新闻类节目的主持和访谈以及现场报道等主要类型来进行,在对相关理论进行梳理和概述之后,更多地让学生通过练习、实践来达到教学目的。

通过一年的实验教学,学生掌握了一定的理论知识和业务技能,我也同他们一起在专业教学上得到了一次锻炼、积累了一些经验。一年下来,面对一摞散乱的厚厚的讲稿和训练素材,我在考虑如何将它们装订规整起来。

正在这个时候,中国传媒大学出版社的编辑找到了我,希望我能够写一部有关电视新闻播音主持方面的书稿,最好实践性强一点。我将现有的电视新闻播音主持教学大纲和教学计划给他们看过之后得到了认可,这让我备受鼓舞,于是我开始对这门课程原有的内容进行重新梳理和调整,并对示例和训练材料重新编选。

本书共分五章:电视新闻播音主持概述、电视新闻消息播报、电视新闻节目主持、电视新闻访谈、电视新闻现场报道。在内容讲解上除了有以往电视新闻节目播音主持的主要样式,还包括了近些年来比较普遍的播音主持类型,比如说电视民生新闻、电视读报新闻、电话连线和卫星电视连线等,并有我国主流媒体播出的全真节目实例分析,附有大量全真播出稿件作为练习素材。

虽然思考和准备经历了一年有余,写作和修改过程从炎炎夏日一直到寒冷冬季,但相比之下还是略显仓促,所以即将面对读者时心中些许兴奋之余也不免惴惴不安,一来可能存在浅薄和仓促使然的谬误和纰漏;二来在前辈和同行面前班门弄斧,不安在所难免。

真诚希望读者和专家学者批评指正,我将不胜感激!

仲梓源

2008年1月于北京

目 录

第一章　电视新闻播音主持概述 / 1

第一节　电视新闻概述 / 2
　　一、定义 / 2
　　二、电视新闻发展概况 / 3

第二节　电视新闻播音员、主持人 / 9
　　一、电视新闻播音主持的创作主体 / 9
　　二、电视新闻播音主持工作的性质、地位和作用 / 10
　　三、电视新闻播音员与主播的内涵 / 10
　　四、电视新闻节目主持人的内涵 / 11
　　五、电视新闻播音员、主持人的素质构成和魅力构成 / 11

第三节　电视新闻播音主持创作 / 13
　　一、电视新闻播音主持创作要素 / 13
　　二、电视新闻播音主持创作方法 / 14
　　三、电视新闻播音主持创作要求 / 16

第四节　准备稿件及快速备稿 / 17
　　一、备稿六步 / 17
　　二、快速备稿 / 18

第五节　副语言及其运用 / 19
　　一、副语言的界定 / 20
　　二、副语言的作用 / 20

三、副语言的体现规律 / 20

四、副语言的设计 / 21

五、正确使用副语言 / 21

第二章 电视新闻消息播报 / 23

第一节 理论概述 / 23

一、新闻消息的结构 / 24

二、新闻消息稿件的特点 / 27

第二节 电视新闻消息播报实例解析 / 29

一、国内时政要闻播音 / 29

二、国际时政要闻播音 / 32

三、新闻简讯播音 / 34

四、地方新闻播音 / 37

五、财经新闻播音 / 40

六、文化娱乐新闻播音 / 42

七、教育科技新闻播音 / 44

八、体育新闻播音 / 45

九、口播和口导播音 / 48

第三节 补充练习材料 / 50

一、国内时政要闻 / 50

二、国际时政要闻 / 61

三、国内国际新闻简讯 / 65

四、地方新闻 / 68

五、财经新闻 / 71

六、文化娱乐新闻 / 75

七、教育科技新闻 / 79

八、体育新闻 / 82

九、口播和口导 / 88

第三章　电视新闻节目主持 / 93

第一节　新闻杂志型节目主持 / 93
一、定义 / 93
二、概况 / 94
三、新闻杂志型节目播音主持的整体把握 / 95

第二节　民生新闻节目主持 / 98
一、定义 / 98
二、概况 / 100
三、民生新闻播音主持的整体把握 / 102

第三节　新闻专题节目主持 / 103
一、定义 / 103
二、概况 / 104
三、新闻专题节目播音主持的整体把握 / 104

第四节　新闻读报节目主持 / 112
一、定义 / 112
二、概况 / 113
三、新闻读报节目播音主持的整体把握 / 113

第五节　补充练习材料 / 117
一、新闻人物专稿 / 117
二、新闻读报节目 / 122

第四章　电视新闻访谈 / 128

第一节　理论概述 / 128
一、电视新闻访谈的界定 / 128
二、电视新闻访谈节目特点 / 129
三、电视新闻访谈类型 / 130
四、电视新闻访谈节目的准备和过程把握 / 130

第二节　电视新闻访谈实例解析 / 134
一、新闻节目主持人言论 / 134

二、新闻专访　／ 139

　　　三、新闻谈话　／ 154

第三节　补充练习材料　／ 164

　　　《新闻会客厅》马国力：四次传递奥运火炬　／ 164

第五章　电视新闻现场报道　／ 174

第一节　理论概述　／ 174

第二节　现场报道　／ 175

　　　一、开场白、结束语形式的报道　／ 176

　　　二、对新闻现场的报道　／ 181

　　　三、现场报道口头评述　／ 183

第三节　连线报道　／ 187

　　　一、远程音频连线采访报道　／ 188

　　　二、远程视频连线采访报道　／ 192

主要参考书目　／ 200

后　记　／ 201

第一章　电视新闻播音主持概述

现代社会中,人们的生活从来就没有脱离过新闻信息的影响,特别是日益普及的电视新闻媒体的影响。从人们对电视节目,尤其是电视新闻节目的关注度来看,将电视称作 20 世纪最伟大的发明之一并不为过。电视媒体记录和反映世界各个角落的社会生活,确实让我们感觉到好像生活在一个"地球村"。

从 1926 年 1 月 26 日英国科学家贝尔德在伦敦公开演示那台轰动了全世界的被称作"电视"的机器开始,到 1936 年 11 月 2 日英国广播公司在世界上第一次正式播出电视节目,再到 1958 年 11 月 2 日我国第一位电视播音员——沈力口播《简明新闻》……世界范围的电视新闻事业蓬勃发展起来。

在电视新闻节目当中,最直接与受众进行交流的就是播音员、主持人,人们在接收新闻信息之余也会对其充满了好奇:他们的工作是什么性质的?他们应该具有什么样的能力和素质?他们又是怎样做到准确、及时报道新闻的?……这些问题也正是选拔和培养电视新闻播音员、主持人的关键所在。

本章将对电视新闻播音主持的一些基本理论常识进行简要的梳理和阐释,以便读者能够较快地领会,为掌握具体的电视新闻播音主持技能打下理论基础。

第一节 电视新闻概述

一、定义

1. 新闻的定义

"新闻"一词在我国古已有之。据考证,"新闻"一词最早出现在唐朝。从史料《新唐书》《南楚新闻》以及南宋《朝野类要》的记载中不难看出,它主要指传说、传闻、故事、奇闻逸事等,和现在我们所说的"新闻"有很大不同。

在西方,最早使用"News"一词,据记载是在1423年。一般认为,News这个词是由英语North(北)、East(东)、West(西)、South(南)四个词的第一个字母拼写而成的,表明新闻是"四面八方消息的集合"。后来美国新闻学者卡斯柏·约斯特经过考证认为,"News"是从New这个词引申而来的,是字源中的奇特发展之一。

尽管古今中外对"新闻"一词根源的探究结果有所不同,不可否认的是"新闻"一词虽然经过了长期演化,但都有"新鲜事情""新鲜报道"的基本含义。现在"新闻"一词在新闻传播学中主要有三方面含义:一是指新闻的定义,二是指各种新闻体裁的报道形式的总称,三是专指消息这种体裁。

现代新闻学从西方传入中国后,业界关于新闻的定义有很多。得到我国新闻界公认的是1943年陆定一在《我们对于新闻学的基本观点》一文中提出的定义,即"新闻是对新近发生的事实的报道"。这个定义被广泛采用并产生了很大影响,且简洁而科学地道出了新闻的本质和含义。该定义坚持了唯物主义新闻观,指出了新闻是关于事实的报道,明确了新闻是新近发生的事实的报道,具有普遍适用性。

随着新闻事业的不断发展,广播电视和网络媒体技术日新月异,人们可以对很多新闻事件进行直播,所以"新闻"的定义后来又发展为"新闻是对新近或者正在发生的客观事实的报道"。

2. 电视新闻

(1) 定义

电视新闻是以现代电子技术为传播手段,以多元素的图像、声音为传播符号,对新近或正在发生、发现的事实所作的报道。①

电视新闻是运用画面与声音符号体系以及电视媒介的综合优势手段传播的新闻,是电视屏幕上各类新闻体裁、各种新闻性节目的总称。

早期的电视新闻经历过以口播新闻为主和以影片新闻为主两个发展时期。1936年11月2日,英国建立了世界第一座电视台,正式播放电视节目,同时也开始播出电视新闻。②

(2) 分类

国内业界理论工作者和实践工作者将电视新闻节目分为三大类,也就是我们现在经常提到的消息类、专题类和评论类新闻节目。

消息类新闻节目是电视新闻实现国内国际要闻汇总的主要渠道,能够迅速、广泛、简要地报道国内外最新的事态发展。

专题类新闻节目对新闻事件进行详尽、深度报道,综合运用电视手段和播出方式,以独特的见解引起观众深层次的思考。

评论类新闻节目是或代表媒体立场,或代表个人立场的评论者对当前极具新闻价值的新闻事件或者社会现象进行观点阐述并表明意见和态度,是电视新闻舆论导向的旗帜。

电视新闻消息一般短小精悍、简明扼要,因为在电视新闻当中,画面和字幕就能够传递很多信息了,所以新闻配音只需要做必要的补充说明。

二、电视新闻发展概况

1. 电视的诞生

"电视"的英文为"Television",原意是"远距离观看"。它满足的是人类长久以

---

① 杨伟光.电视新闻分类与界定[M].北京:中国广播电视出版社,1994:3.
② 吴信训.新编广播电视新闻学[M].上海:复旦大学出版社,2006:8.

来远距离传输、观看图像的愿望。电视是运用电子技术手段传输图像和声音(伴音)的现代化大众传播媒介,是继广播之后出现的又一电子媒介,被誉为"20世纪人类最伟大的发明"之一。电视的产生,极大地拓展了人类视听信息传播的广度和深度。电视以其视听兼备的独特传播优势,在当今各种传播媒介中占据极其重要的地位。

1900年,电视(Television)一词首次出现。此前,有关电视的研究已经开始。英国科学家约翰·洛吉·贝尔德被称为"电视之父"。其实早在1884年,德国工程师保罗·尼普科夫就发明了一种机械式光电扫描圆盘并取得专利,这种机械传真就是电视的雏形。贝尔德在十分艰苦的条件下进行研究和试验,于1924年春天实验发射和接收了一个"十"字图形。1925年10月2日,他利用尼普科夫发明的扫描圆盘成功地完成了播送和接收电视画面的实验,并第一次在电视上清晰地显现了一个人的头像。1926年1月26日,贝尔德在伦敦做的公开表演轰动了全世界。1927年,"贝尔德电视发展公司"在英国广播公司(BBC)首次播送了30行扫描的电视节目。1930年,舞台剧《花言巧语的人》成为贝尔德播出的第一个声图并茂的节目,贝尔德对电视的发展作出了特殊的贡献。贝尔德在前人研究成果的基础上,制造出了第一台真正实用的电视传播和接收设备。他的试验成功标志着电视的真正诞生。

贝尔德发明的机械电视将电视画面从英国伦敦发射传送到美国纽约,证明图像是能够通过无线电远距离传送的。自此以后,电视作为一种技术上比较成熟的新型传播媒介,开始进入社会,进入人们的生活。1936年,英国广播公司在伦敦以北的亚历山大宫建成了英国第一座公共电视台,11月2日正式播放电视节目。

之后,美国无线电公司(RCA)于1939年推出世界上第一台黑白电视机,到1953年设定全美彩电标准,并于1954年推出彩色电视机,电视机及电视节目开始进入千家万户,电视事业也在世界范围内迎来了欣欣向荣的大发展时期。

2. 我国电视新闻发展概况

20世纪50年代,在世界电视事业迅速发展的同时,我国的电视事业也开始起步。1958年5月1日北京电视台(中央电视台前身)试播,标志着我国电视事业的产生。在其后多年里,中国的电视新闻事业大体经历了四个发展阶段:艰难创业时期(1958—1966年),曲折磨难时期(1966—1978年),蓬勃发展时期(1979—2009年),媒体融合时期(2009年至今)。

(1)艰难创业时期(1958—1966年)

我国电视节目开播之初的形式非常简单。新闻节目大致有图片新闻报道、电视新闻片、口播新闻、实况转播以及带有新闻性的电视纪录片等。除国内新闻外,还有一部分国际新闻。国际新闻有口播,也有外国电视台寄来的电视新闻片和纪录片。新闻纪录片是早期电视新闻最主要的节目样式,所以电视新闻发展早期也被称为"新闻纪录片时代"。由于条件限制,新闻的时效性很差。

(2)曲折磨难时期(1966—1978年)

"文革"期间,我国电视新闻事业遭受了巨大的挫折和破坏。当时电视新闻宣传了不少错误的理论、路线、方针、政策,破坏了党的新闻工作的优良传统,节目单调枯燥,形式主义成风,充满空话、大话,教训极其深刻。有人将当时的电视新闻描述为"大批判、学习班、抓革命、促生产""工厂机器转,田间麦浪翻"。电视新闻的国际交流也几乎全部中断,《国际新闻》节目因为没有片源而停播。

1976年7月1日,《电视新闻》(《新闻联播》前身)节目开始试播,内容只有国内新闻,没有国际新闻和口播新闻,每次10~15分钟。1978年元旦,《新闻联播》正式开播,当时仍然只有国内新闻,并且只有微波干线沿线的10多个省市电视台转播。1978年5月1日,北京电视台正式更名为中央电视台,英文缩写CCTV,成为名副其实的全国性电视台。

(3)蓬勃发展时期(1979年至今)

1978年党的十一届三中全会之后,中国开始改革开放,中国的电视新闻事业也进入蓬勃发展时期。

新闻节目是电视节目的主体,作为"要闻总汇"的《新闻联播》集中体现了中国电视新闻的发展水平。1978年1月1日,《新闻联播》正式开播,中断了多年的播音员出图像预告节目的形式同时恢复。1980年4月1日,中央电视台开始通过卫星直接接收国外新闻通讯社的国际新闻,从此,我国电视观众当天或次日就能看到来自世界各地的国际新闻。1980年5月1日,《国际新闻》保留栏目名称并入《新闻联播》。《新闻联播》于1981年7月1日进行改版,改变了把国内电视新闻、口播国际新闻和通过卫星接收的国际新闻截然分开的做法,形成国内、国际新闻两大部分；同时，对栏目标志、片头音乐、电视画面以及预告新闻提要的方式等也都做了改进。

20世纪80年代，除中央电视台的《新闻联播》外，全国各地方电视台的新闻栏目也纷纷开播。如上海电视台的《晚间新闻》《英语新闻》、广东电视台的《港澳动态》《国际纵横》《午间新闻》、杭州电视台的《早晨好》等，都在我国电视新闻的发展中起过开创性的作用。各类新闻性电视专题栏目也蜂拥而出，如《专题新闻》《专题报道》《华东见闻》《长城内外》《岭南风貌》《山东各地》《浦江新貌》《锦乡八闽》《可爱的中国》《今日世界》等，许多栏目产生了广泛的社会影响。

同时，电视新闻评论也逐渐发展起来，一些电视新闻评论性栏目相继问世，产生了很大的社会影响。1980年7月，中央电视台开办了第一个新闻评论性专栏《观察与思考》，一些地方电视台也相继推出了一批新闻评论性栏目，如广东电视台的《文明之花》《立此存照》、太原电视台的《新闻30分钟》、湖南电视台的《焦点》、上海电视台的《新闻透视》等。中央电视台还开办了国际问题评论专题《今日世界》。

为适应以经济建设为中心的宣传形势，中央电视台于1984年年底成立了经济部，1985年元旦推出《经济生活》（《经济半小时》前身）栏目。此后，各地方电视台也纷纷开办宣传经济建设和经济发展的电视栏目。20世纪90年代，电视节目的国际竞争日益加剧，而竞争的焦点便是电视新闻。1992年8月31日，中央电视台《经济信息联播》栏目问世，与原有的《经济半小时》在内容上各有侧重，成为经济宣传的两大栏目。

1992年10月1日，中央电视台第一个国际卫星频道第四套节目正式开播。这是一套面向港澳台同胞和海外华人华侨并兼顾内地（大陆）观众的综合性节目，开办了《中国中央电视台新闻》（《中国新闻》前身）以及《亚洲新闻》《台湾新闻》《中国报道》《中国文艺》等栏目，成为港澳台同胞及海外华人华侨了解祖国变化的重要渠道。

1993年1月18日，上海东方电视台开播，在国内电视台首倡新闻滚动播出，《东视新闻》《东视夜新闻》《东视深夜新闻》每晚三次滚动播出。同年3月1日，中央电视台改版《晚间新闻》，并推出《世界报道》《晚间新闻》《体育新闻》合三为一，成为《晚间新闻报道》。这一时间段成为继《新闻联播》《焦点访谈》之后的第二个黄金时段。

1994年4月1日，中央电视台推出新闻评论性栏目《焦点访谈》，其内容分为调查分析、追踪采访、快速反应、访谈述评四种类型，侧重于对社会上普遍关注的热点、焦点进行述评，在叙述新闻事件来龙去脉，充分展示背景材料的同时，适当插入主持人和记者的分析与评断，是一档典型的电视深度报道栏目。1996年上半年，中央电视台又相继推出谈话节目《实话实说》和深度报道栏目《新闻调查》。

进入21世纪，我国的电视新闻事业正面临着新的机遇和挑战。从中央电视台一系列频道节目的调整改版来看，我国的电视新闻事业正在与国际接轨。

中央电视台第一套新闻综合频道每天几个时段的新闻节目已经远远不能满足受众对新闻的需求，于是2003年5月1日，经过悉心筹划、精心打造的中央电视台新闻频道开播了。新闻频道试运行两个月后，从当年7月1日起正式播出。在中国电视史上具有里程碑意义的第一个新闻专业化频道诞生了。

中央电视台新闻频道全天24小时播出，受众可以及时获取新闻信息。整点新闻以最快的速度向受众提供新闻资讯，突出时效性，具备大信息量，实现滚动、递进、更新式报道，全天24档。安排在整点新闻后的分类新闻主要有财经、体育、文化、国际四大类。新闻频道还充分调动现场直播手段，做到在第一时间向受众报道国际国内重大新闻事件。

中央电视台新闻频道自2003年7月1日正式播出以来，秉承"把握舆论导向，做好党的喉舌，有效提升舆论引导能力"的指导思想，实施有效传播策略，报道及时、全面、准确、权威，发挥了国家主流媒体的宣传主导作用和对全国新闻媒体的引领作用。

(4) 媒体融合时期(2009年至今)

2009年12月28日，中国网络电视台(CNTV)正式开播，标志着互联网与电视媒体全面融合的开始。我国主流电视媒体的新闻节目开始通过网络进行同步传播。

2014年被广泛认为是报刊、广播、电视、网站等全面媒体融合的元年，因为2014年8月18日，中央全面深化改革领导小组第四次会议审议通过了《关于推动传统媒体和新兴媒体融合发展的指导意见》，标志着中国媒体融合发展的开始。

可以简要了解一下中国媒体融合发展的大致进程：

1996年1月15日，广州日报报业集团成立，是媒体融合在所有权层面的自主探索。1997年1月1日，人民日报创办电子版(人民网的前身)。1999年12月，广州日报成立大洋网，成为中国最早在互联网提供新闻资讯的三家媒体之一。2000年，经国务院新闻办公室和中共北京市委宣传部批准，千龙网正式上线，被业界称为"千龙模式"。2008年3月，烟台日报传媒集团率先创立全媒体新闻中心。

2009年12月28日,中国网络电视台(CNTV)开启了网络与电视全面融合。2011年1月14日,浙江广电集团创办浙江网络广播电视台。4月15日,长兴传媒集团开启了县级媒体改革的小规模探索。7月12日,人民日报社全媒体新闻资讯管理系统试运行。2012年11月党的十八大召开期间,主要门户网站推出手机新闻客户端。

2014年5月,湖南广播电视台通过芒果TV打造互联网视频平台。6月12日,人民日报客户端上线。8月18日,中央审议通过《关于推动传统媒体和新兴媒体融合发展的指导意见》,"媒体融合"国家工程的序幕由此拉开,是年也被称为我国的"媒体融合元年"。

2015年3月,人民日报在全国两会时探索"中央厨房"模式。2016年2月19日,人民日报全媒体平台"中央厨房"正式上线运行。

2018年3月21日,中央三台组建为中央广播电视总台,4月19日正式揭牌亮相。8月21日,全国掀起建设县级融媒体中心的高潮。11月2日,邳州形成了"邳州模式"。

2020年以来,媒体积极尝试搭建智能化内容生产平台。2020年8月17日,中央广播电视总台融合发展中心正式成立。2022年北京冬奥会期间,央视频利用AI生产剪辑系统,高效、快速提供新闻内容。

我国主流媒体经过三网融合、报网互动、数字化转型、移动端建设等过程,已然迈入了智媒体阶段。在这一时期,传统电视媒体新闻节目改革创新、转变观念、不断探索,各级电视台都成立了融媒体中心,结合融媒体传播特点,拓宽新闻报道领域,丰富新闻报道样式,为受众带来全新体验。

思考和练习

1. 通过具体事例来阐释你所理解的新闻以及电视新闻概念。
2. 举例说明电视新闻类节目都有哪些具体节目形态。
3. 请查阅相关资料,对比广播和电视诞生的时代背景和文化背景。
4. 我国的电视新闻发展大致经历了哪些阶段?各阶段分别有何特点?
5. 通过调查研究,试概括进入21世纪我国电视新闻事业发展的动向和趋势。
6. 关注中央电视台新闻频道的某档新闻栏目或某时段的节目,并分析其特点。

第二节 电视新闻播音员、主持人

一、电视新闻播音主持的创作主体

在电视新闻播音主持创作活动中,播音员、主持人是创作者,是创作主体。在此我们要先理解几个概念:

1. 播音员

以在话筒前(含镜头前)进行有声语言创作为主要工作的专业人员。①

2. 播音工作

以在话筒前(含镜头前)进行有声语言创作为主要任务的职业。②

3. 节目主持人

关于节目主持人的概念,业界较为认同的主要有以下几种:

在我国现阶段,"主持人"在广播电视中的含义是:以有声语言驾驭节目进程的人。"节目主持人"是以有声语言为主干或主线"出头露面"驾驭节目进程的人。这里需要说明的是,必须在节目之中,必须"出头露面",必须驾驭节目进程,必须以有声语言为主干或主线。③

节目主持人是在广播电视中,以个体行为出现,代表着群体观念,用有声语言、形态来操作和把握节目进程,直接、平等地进行大众传播活动的人。④

节目主持人是在大众传播活动的特定节目情境中,以真实的个人身份和交谈性言语行为,通过直接、平等的人际交流方式主导、推动并完成节目进程、体现节目意图的人。⑤

将以上几种阐释综合起来,就可以提炼出主持人概念的要点:广播电视媒体、

---

① 张颂.播音语言通论:危机与对策[M].北京:北京广播学院出版社,1994:58.
② 张颂.播音语言通论:危机与对策[M].北京:北京广播学院出版社,1994:58.
③ 张颂.播音语言通论:危机与对策[M].北京:北京广播学院出版社,1994:92.
④ 俞虹.节目主持人通论[M].杭州:杭州大学出版社,1996:5.
⑤ 应天常.节目主持语用学[M].北京:北京广播学院出版社,2001:54.

用语言驾驭、个性形象、群体意识。

所以,我们可以将节目主持人概括为:在广播电视媒体中,用有声语言驾驭和把握节目进程的人,以个性形象与受众进行直接和平等的交流与传播,代表着广泛的群体意识。

二、电视新闻播音主持工作的性质、地位和作用

1. 电视新闻播音主持工作的性质

电视新闻播音主持工作既具有自然属性,又具有社会属性;既具有新闻属性,又具有语言艺术特性;既具有再造性,又具有创造性。因此,电视新闻播音主持工作是多学科交叉并具有一定复杂性和多样性的创造性工作。

2. 电视新闻播音主持工作的地位

电视新闻播音主持工作的地位,可以概括为"传播前沿""中介工序""联系纽带"[①]。

3. 电视新闻播音主持工作的作用

在传播过程中,电视新闻播音主持工作至少具有以下作用:第一,构建语言(副语言)传播系统,使传播潜能变为传播现实,具有传播形成作用;第二,传递信息,体现态度,揭示语义内涵,表明思想实质,具有了解和认识社会作用;第三,传达感情,形象具体生动,吸引感染受众,具有鼓舞、教育、激励作用;第四,规范美化语言,建设语言文明,具有语言表达的审美示范作用。[②]

三、电视新闻播音员与主播的内涵

电视播音员是对电视节目播出最后一个环节工作者的统称,电视新闻播音员的称谓源自之前对广播新闻播音员的叫法。在有广播新闻播音员称谓之前,播音员也被称为"广播员"。北京电视台(中央电视台前身)在1958年11月2日开始口播《简明新闻》的时候,诞生了我国第一位电视新闻播音员——沈力。而如今,随着电视事业的发展以及电视新闻节目播音员、主持人概念和职能的变化,电视新闻播

[①] 阎玉.中国广播电视学[M].北京:中国广播电视出版社,1990:529.
[②] 姚喜双.播音学概论[M].北京:北京广播学院出版社,1998:26-28.

音员的内涵和称谓也在不断演变。

近年来,电视新闻节目当中开始有"主播"的称谓,很多电视台已经将"播音员"改称"主播"。这是由于在亚太其他华人媒体当中对"Anchor"一词的汉语翻译不同而导致的,在实际工作当中,"主播"和"播音员"的工作状况还是略有不同的。比如,"播音员"主要以轮班的方式进行新闻的播报,而"主播"则是某个栏目的品牌形象,并要参与大量的编辑工作,有时候还要参与前期采访报道,有的人还可能是新闻栏目的主编和制片人,负责整个节目的统筹安排。

四、电视新闻节目主持人的内涵

世界上第一位电视新闻节目主持人是美国著名记者爱德华·默罗。1951年11月18日,他在哥伦比亚广播公司(CBS)电视节目《现在请看》节目中对朝鲜战争进行评论,开创了美国乃至世界电视新闻播报方式的新纪元。

最早提出"新闻节目主持人"概念的是哥伦比亚广播公司制片人唐·休伊特。1952年,他在报道总统大选的电视节目中设置了Anchor(来源于体育术语,指接力赛中最后一棒,也是跑得最快和最有实力的人),也就是后来所谓的新闻节目主持人。之后,美国各大广播公司都出现了一批著名新闻节目主持人。到了20世纪70年代,新闻节目主持人成为一种职业,其他西方发达国家也纷纷推出了自己的电视新闻节目主持人。

1980年7月12日,中央电视台《观察与思考》节目第一次使用"主持人"称谓,当天由记者庞啸所主持的新闻节目《北京居民为什么吃菜难》播出后引起了强烈反响,这在中国电视史上具有划时代的意义。后来随着中国电视事业的突飞猛进,主持人队伍也发展壮大,到如今已经有了一批全国知名、深入人心的著名主持人。

对于节目主持人的定义众说纷纭,如前所述。

如果在"节目主持人"前面加上"电视新闻"四个字,那么这一身份便又有了更为严格的限制:第一,具有电视新闻素质;第二,具有随机应变的控制能力和逻辑严密的理性思维;第三,具有政治敏感和人文关怀;第四,懂得新闻传播规律。

五、电视新闻播音员、主持人的素质构成和魅力构成

现代媒体的竞争终归是人才的竞争。电视新闻播音员、主持人应该具有什么

样的素质和内涵,一直是相关专家和从业者探讨、思索的课题。

1. 电视新闻播音员、主持人的素质构成

第一,过硬的政治素质。电视新闻播音员、主持人是新闻工作者,因此具备过硬的政治素质显得尤为重要。政治素质表现为政治理论、政治立场、政策观念和政治作风。

第二,扎实的新闻素质。新闻素质无疑是电视新闻播音员、主持人最基本的素质之一。有了扎实的新闻素质才能在工作当中更好地进行传播工作。

第三,丰富的文化素养。广博而深厚的科学文化知识是电视新闻播音员、主持人的必备素质。任何一位电视新闻播音员、主持人都很难做到上知天文下知地理,我们不求成为"专家",但是应该在精通几门知识的前提下涉猎各个领域,所以电视新闻播音员、主持人也常常被称作"杂家"。

第四,精湛的专业素养。作为新闻工作者的电视新闻播音员、主持人,同时又有语言艺术工作者的双重身份,所以还必须具有一定的有声语言表达技能,同时兼具较好的形体形象。

2. 电视新闻播音员、主持人的魅力构成

第一,思想意识的人文化。人文精神、人文关怀对电视新闻播音员、主持人的职业素养以及魅力构成具有特殊意义。除了要做好党和人民的"传声筒",服务于大众,还应该在大众传媒中把"上情下达、下情上传"的工作做好。在这个过程当中,人文精神、人文关怀就显得尤为重要。具体来说,应该做到两点:一是将传播视角从"俯视"转为"平视",二是要具有强烈的社会责任感、正义感。

第二,知识储备的专业化。传媒的发展让电视新闻节目的细分化、专业化竞争成为必然趋势。在激烈的竞争中,电视新闻播音员、主持人只有能够运用专业化的知识储备为受众提供信息服务,才能够真正赢得受众的信任和喜爱。具体来说,应该从以下两方面入手:一方面,电视新闻播音员、主持人的知识结构要更加专业化;另一方面,还应该能够创造性地运用相关知识,并具备转化知识的能力和悟性。

第三,综合能力的职业化。综合能力的职业化有狭义和广义两个层面。狭义的职业化,是指对某种职业相关技能的熟练掌握,拥有较为丰富的操作技能和方法。但是狭义的职业化也有消极的一面,那就是会有职业化的思维定式、语言定式、行为定式,会让播音员、主持人的工作变为机械重复,丧失激情、表现力和新鲜感。广义的职业化则强调职业化的深层本质,是指对职业特点和职业角色深刻而全面的认识和把握。广义的职业化表现为:一是在节目中充分展示新闻工作者的素质和修养,二是在现场具有良好的临场控制力和应变能力。

第四,创作风格的个性化。电视新闻播音员、主持人追求个性化传播最为突出地表现在:一是个性化的电视新闻播音员、主持人应该与栏目融为一体,并且是栏目的形象代言人和栏目的品牌,拥有众多的忠实受众;二是个性化的新闻播音员、主持人具有很强的号召力,他们的个人魅力明显影响着受众和收视率,一旦更换主持人或者节目改版,都会有所反映;三是个性化的电视新闻播音员、主持人同时具有个性化的气质;四是个性化的电视新闻播音员、主持人能够长期得到受众喜爱,最根本的原因是其内在的积淀和创造力。

思考和练习

1. 播音员、主持人的定义是什么?播音主持工作的内涵是什么?
2. 电视新闻播音主持工作的性质、地位和作用分别是什么?
3. 比较电视新闻播音员和电视新闻主播的概念及内涵。
4. 结合具体实例谈谈电视新闻播音员、主持人的素质构成和魅力构成。
5. 如何提高电视新闻播音员、主持人的能力和素质?
6. 你喜欢哪些电视新闻播音员、主持人?为什么?

第三节　电视新闻播音主持创作

一、电视新闻播音主持创作要素

电视新闻播音主持创作活动由很多要素组成。其中,创作主体(包括播音员、主持人)、创作客体(包括节目、稿件、画面、音响等)、受众(包括听众和观众)是构成播音创作活动的三个基本要素。下面主要介绍创作主体和创作客体两个要素。

1. 创作主体

创作主体指新闻播音创作活动中的主体。播音是运用有声语言和副语言通过广播电视传媒所进行的一项创作活动,创作主体也就是播音创作者。①

电视新闻播音主持创作主体是电视新闻播音员和电视新闻主持人。两者工作的共同点:必须运用有声语言和副语言,必须以有声语言为主干或主线,对节目、稿件的把握最终必须通过语言体现。

作为创作主体,电视新闻播音员和电视新闻主持人都是新闻工作者。创作主体可以有自己的个性特点,但必须将个性和大局有机地统一起来。虽然在节目中以个人身份和个性特点示人,但体现的都是集体劳动的成果、集体智慧的结晶,体现的都是国家、政党以及媒体的态度和立场。

2. 创作客体

创作客体也称创作依据、创作素材,是电视新闻播音主持创作活动的重要构成,包括节目、稿件、画面、音响等。

我们这里主要讲的是稿件,它是播音主持创作依据中的基本元素,按照不同的标准分为很多种,这里主要指文字稿件和腹稿。

各种创作客体的共同特点:可感性,即图像、音响可以被直接感受到,文字稿件可以唤起创作主体的感受能力;可变性,即文字稿件具有丰富的内涵,创作主体可以根据自己的理解激发播讲欲望;二度性,即播音主持创作是在文字稿件的基础上进行的再一次表达;局限性,即播音主持创作虽然有发挥的空间,但是必须遵循原稿的主旨进行创作。

二、电视新闻播音主持创作方法

1. 坚持正确的播音创作道路

电视新闻播音员、主持人要站在无产阶级党性和政策的立场上,以新闻工作者特有的敏感,把握国内外形势的发展变化和人民群众的思想实际,准确及时地、高

---

① 姚喜双.播音学概论[M].北京:北京广播学院出版社,1998:33.

效率高质量地完成"深入理解——具体感受——形之于声——及于受众"的过程，以积极自如的话筒前状态进行有声语言的再创造，达到恰切的思想感情与尽可能完美的语言技巧的统一，体裁风格与声音形式的统一，准确、鲜明、生动地传达出稿件的精神实质，发挥广播电视教育和鼓舞广大人民群众的作用。①

坚持正确的播音创作道路，首先就要坚持播音创作的党性原则，其次要坚持播音创作的真实性原则，再次要坚持播音创作中的时效性原则，最后要很好地把握创作环节的有序性和创作要素的协同性。②

2. 创作技巧方法

电视新闻播音主持的创作可以大致分为有稿播音主持和无稿评述两部分。我们都知道播音主持总的要求：有稿播音锦上添花，无稿播音出口成章。那么怎么才能做好呢？下面我们就播音主持创作的内部技巧和外部技巧进行概述。

内部技巧指有声语言表达前通过文字稿件所能调动起来的内心感受，是播音主持创作的一种心理活动。情感的调动是播音主持创作活动的核心和关键，通常我们所说的"内三"指情景再现、内在语、对象感三个主要的内部技巧。

情景再现：创作主体把文字稿件所表述的具体场景和细节像过电影一样在脑海里呈现，以激发创作情感。一般分为四个步骤：理清头绪、设身处地、触景生情、现身说法。

内在语：主要指那些在播音语言中不便表露、不能表露或者没有完全表露出来和没有直接表露出来的语句关系和语句本质。

对象感：播音主持时，一定要预先设定好受众，对受众设想得越具体，交流感就会越强烈。同时对象感也是激发创作激情的一种手段。

内心的感受和情感必须依靠语言的具体技巧才能表达出来，我们称之为外部技巧。通常我们所说的"外四"指停连、重音、语气、节奏四个主要的外部技巧。

停连："停"指停顿，"连"指连接。有了停顿和连接，我们的语言表达就有了变化。

重音：指有声语言表达中需要强调的字、词或词组。但是我们应该明白，重音

---

① 阎玉.中国广播电视学[M].北京：中国广播电视出版社，1990：535.
② 姚喜双.播音学概论[M].北京：北京广播学院出版社，1998：83-84.

不一定要重读,只要能够把想要强调的部分表现得和其他字词不同就足以达到强调的目的了。当然,重音的表达一定要根据具体稿件和个人的理解以及表达特点灵活掌握。

语气:指思想感情运动状态下语句的声音形式。语气由两方面构成:一是具体的思想感情,二是具体的声音形式。二者相辅相成。一定的思想感情,即态度;一定的声音表现形式,即语势。语势可分为五种基本类型:波峰类、波谷类、上山类、下山类、半起类。

节奏:指表达时由文字稿件激起播音主持创作者思想感情波澜起伏所造成的抑扬顿挫、轻重缓急的声音形式的回环往复。节奏的运用,要掌握欲抑先扬、欲扬先抑、欲快先慢、欲慢先快、慢中有快、快中有慢、欲停先连、欲连先停、欲轻先重、欲重先轻等方法。

三、电视新闻播音主持创作要求

电视新闻播音主持创作不仅仅要准确、清晰地进行表达,还要具有一定的美感。具体说来有以下几点:

(1)字正腔圆,呼吸无声。
(2)感而不入,语尾不坠。
(3)基调恰当,语气清脆。
(4)节奏平稳,语速适中。
(5)多连少停,重音常重。[①]

> **思考和练习**
>
> 1.电视新闻播音主持创作的要素有哪些?它们之间的关系如何?
> 2.电视新闻播音主持创作的正确道路是什么?
> 3.电视新闻播音主持创作的方法有哪些?
> 4.电视新闻播音主持在创作上有什么具体要求?体现了哪些美学要求?

---

① 张颂.朗读美学[M].北京:北京广播学院出版社,2002:230.

第四节 准备稿件及快速备稿

一、备稿六步

在电视新闻有稿播音创作当中,播音员、主持人首先要做的是准备稿件,具体可分为以下六步。

1. 划分层次

按稿件内容、有声语言传播规律和受众心理,将文字稿件的结构重新组织、安排,可以进行归并和划分。归并是将相同、相近自然段归在一个部分。划分是将一个较大的自然段划分为若干小层次,以便清楚地表达。

2. 概括主题

将稿件的中心思想用较为精练的语言概括出来。主题概括是共性与个性的统一,既要说出稿件的特点,又要解释事物的本质。

3. 联系背景

任何稿件及稿件所反映的事物都不是孤立的,其发生、发展都有一定的原因,都处于一定的背景下。这里,创作主体要联系的背景指播出背景。有时播出背景与稿件写作背景是相同的,如新闻性稿件。还有时稿件是过去写好的,现在根据舆论宣传形势的需要播出。这就有一个"时间差",这种情况应以播出背景为依据。

在分析播出背景时,可分为"上情""下情"。"上情"即当前党和国家的有关方针政策,"下情"即人民群众在这方面的实践活动。"下情"又可分为"主流"和"支流"。"主流"就是积极的一面,"支流"就是消极的一面。创作主体在分析背景时,既要看到"主流"(成绩),又要看到"支流"(问题)。看不到"主流",就会一叶障目,影响宣传的坚定性;看不到"支流",就会盲目乐观,影响宣传的针对性。

4. 明确目的

播出目的由背景生发而来。"目的"就是要解决"背景"中存在的问题。目的统领全篇。

5. 找出重点

要把播出目的落实到稿件中去，就要很好地分清稿件主次。主要部分可能集中在一个段落或层次上，也可能散见于全篇。创作主体要善于处理主次关系，既要重点突出主要部分和句子，又要让次要部分做好铺垫。

6. 确定基调

基调是稿件总的感情色彩和分量。基调统一中不乏变化，但变化不能离开统一。统一是主旋律，变化是主旋律上的变奏。创作者在创作活动中运用其他素材如画面、音乐、音响时，也应注意了解和掌握它们在创作活动中的位置、功能和表现手段，综合协调，力争和谐统一。

二、快速备稿

前文讲解了备稿六步的详细步骤，但是在现实工作中，尤其是在比较紧急的情况下，播音员、主持人往往来不及做一些很细致的工作、落实准备稿件的六大步骤。在这种情况下，六大步骤不一定按照顺序逐一进行，有些步骤可以同时进行，播音员、主持人需要使用"三步并作两步走"的快速备稿方法。

快速备稿时，我们需要在较短时间内完成如下主要准备工作：

第一遍快速阅读。根据以往对新闻稿件的结构的判断迅速划分出层次，概括出主题。同时要把稿件当中不熟悉的细节和不确定读音的字词勾画出来，以便进一步查询和确认。

第二遍熟悉稿件。联系背景，明确稿件的传播目的，找出稿件的重点，确定好播音的基调。同时可以把具体的停连、重音、语气、节奏等外部技巧在稿件上做好标注，方便准确表达。

在正式播音之前，一般还有一些时间，或者在播完前面一条内容后还有播放成片的时间，我们可以利用这些时间对稿件进行精加工。

快速备稿还需注意以下两点：第一，由于时间紧迫，可以在快速备稿时出声。这样做一是调动吐字发声器官；二是可以让不顺的地方凸显出来，以便及早发现从文字稿件转化为口语时存在的问题。第二，要常年在演播室准备一本最新版本的权威汉语词典，随时翻阅查找字词的读音和解释。养成翻阅词典的习惯是非常必要的,只要字音稍有不确定就一定要查找确认,绝不能心存侥幸,否则可能贻笑大方。

更为重要的是平时多练基本功,多看报,多关注新闻动态。消息有相对固定的格式和写作方法,如果此类稿件接触得多了,哪怕是急稿,也能准确地脱口而出。总之,在没有充分时间准备的情况下,平时广博的知识储备(也就是广义备稿)以及丰富的经验积累,都能够很有效地辅助完成快速备稿。

思考和练习

1. 拿到新闻稿件应该怎样进行准备?
2. 在时间紧迫的情况下,如何进行快速备稿?
3. 在快速备稿时,怎样体现出广义备稿和狭义备稿的重要性?为什么?

第五节　副语言及其运用

语言对于人际交往很重要,但是,如果将人际交往的手段和技巧仅仅归结为语言,那就太简单化了。事实上,人们时常自觉不自觉地通过目光、面部表情、身体姿势、穿着打扮、接触方式、空间距离等体态语言来表达自己的情感和意愿,这些并非有声语言,但却在交流当中起着十分重要的作用,我们将其归为副语言。

心理学研究结果表明,从人们获取信息的渠道来看,只有11%的信息是通过听觉获得的,而83%是通过视觉获得的。美国心理学家艾帕特·梅拉别恩从众多实验中得到了这样一个公式:信息的效果=7%的文字+38%的音调+55%的面部表情。从中可见副语言在信息传达中所起的重要作用。抒情何必三寸舌,眼波一漾,眉峰一耸,嘴角一咧,都是导隐衷、诉幽情的绝妙手段。英国心理学家米歇尔等人曾做过一个实验,他们发现:当语言信号和非语言信号不一致时,人们更加相信非语言信号所代表的意义。

这种负载着一定信息并辅助有声语言共同完成和完善表达任务的非语言因素,在语言学上称为副语言。副语言中最为重要的是体态语言。体态语言,又名举止神态语言(Body Language),俗称手势、表情,它与口头语言均为传情达意的手段。有时,体态语言还能传达某些无法用唇齿表达的信息。在信息交流中,体态语言是不可或缺的一种形式。体态语言主要有头部运动、面部表情、各种眼神、身体姿态、手势和足部运动等。

一、副语言的界定

副语言包括眼神、面部表情、体态、服饰、时空感觉显示等。[①]

前几种副语言不难理解,时空感觉显示则是指广播中话筒的距离变化,筋肉感觉造成的气息、声音状态;电视中灯光强弱、镜头焦距、背景中季节、环境气氛显示等。

在电视新闻播音主持创作中,副语言主要是由体态系统和境态系统组成的表情达意、传递信息的符号系统。体态系统由传播主体的面部表情、身体动作以及服装配饰等组成。境态系统则由与传播主体活动相关的传播环境构成。

二、副语言的作用

副语言具有特殊的交际功能,在日常生活中如此,在播音主持中更是如此。在播音创作中,副语言具有补充言语信息、替代言语信息、强调言语信息、否定言语信息、重复言语信息、调节言语信息等功能和作用。[②]

准确、精巧、简洁而清晰地运用副语言交际艺术的关键,在于摸清副语言习俗的一般特征,亦即它的普遍规律。[③]

只有明确了副语言的作用,把握了副语言的规律,才能更好地为电视新闻播音主持锦上添花。

三、副语言的体现规律

副语言的功能特征在播音创作中具有一定的体现规律。我们应该注意掌握其特征,把握其体现规律,使其更好地为播音创作服务。

---

① 姚喜双.播音学概论[M].北京:北京广播学院出版社,1998:74.
② 姚喜双.播音学概论[M].北京:北京广播学院出版社,1998:74.
③ 曲彦斌.副语言习俗:手势、情态、口哨等语言现象[M].沈阳:辽宁大学出版社,1988:189.

(1)利用共通性,扩大交流面。(2)注意传承性,体现民族性。(3)运用符号性,增强表义性。(4)利用模糊性,加强引导性。(5)利用可塑性,增强创造性。(6)利用伴随性,加强协同性。(7)利用集成性,把握整体性。(8)运用形象性,增强可感性。[1]

四、副语言的设计

在说话过程中,副语言具有特殊的表达功能,但它毕竟只是完成表达任务的手段,而不是最终目标。对于口语表达来说,副语言具有辅助作用,在谈话过程中处于从属地位。正是这种从属地位决定了副语言的设计和运用必须由表达的内容、情绪、对象等因素来决定。由此,副语言的设计必须遵循以下几个基本原则:(1)服从内容表达的需要;(2)服从情绪表现的需要;(3)服从对象、场合的需要;(4)服从审美的需要。

五、正确使用副语言

副语言的运用旨在协助有声语言更好地表达思想感情,因而必须做到:

(1)自然得体。自然是副语言的最基本要求。动作要自然,自然见真诚。有的人说话时动作生硬、刻板如木偶,像在"背台词";有的人则刻意表演,动作和姿态总是那样做作。这都使人觉得别扭、不真实、缺乏诚意。有人说,"宁要自然的雅拙,不要做作的乖巧"。这不无道理。

(2)简洁明了。动作要大众化,举手投足要符合一般生活习惯,简洁明了,易于被人们看懂和接受。不要搞得烦琐复杂、拖泥带水,不要龇牙咧嘴、手舞足蹈像在表演戏剧。否则,不仅会喧宾夺主,妨碍有声语言的正常表达,也会让听的人眼花缭乱,不知所云。要注意克服不良的习惯动作,避免无意义的多余手势。

(3)适度适宜。所谓适度,即动作要适量,以不影响听者听你说话的注意力为度,不要用得过多。所谓适宜,即动作必须与说话的内容、情绪、气氛协调一致,不故作姿态、故弄玄虚甚至手口不一。

---

[1] 姚喜双.播音学概论[M].北京:北京广播学院出版社,1998:75-77.

（4）富有变化。说话时，适当重复动作是完全必要的，这样往往能重现或强调原来的情绪。但不能总是重复一个动作，如果一种表情、一种手势贯穿始终，未免显得单调乏味、呆钝死板。因此，要善于随着内容和情绪的变化而适当地变换动作和姿态，使表达生动活泼、富有魅力。

▎思考和练习

1. 什么是副语言？
2. 副语言的重要性体现在哪些方面？
3. 举例说明副语言都有哪些作用？
4. 在副语言运用中应该遵循哪些规律？
5. 分别依据新闻消息播报、新闻专题、新闻访谈等新闻类节目的不同情境，为自己设计得体的副语言。

第二章　电视新闻消息播报

电视技术的日新月异，推动了电视新闻事业的迅速发展。在诸多电视节目当中，新闻类节目无疑是各家新闻媒体最重要的内容之一。而在各种新闻类节目当中，新闻消息的播报又占有相当大的比例。可以说，新闻消息播报是电视新闻传播中最具典型意义的一种传播方式。

纵使世界范围内电视新闻事业迅速发展，播报作为电视新闻消息的一种主要传播方式，始终是各大电视媒体采用最为广泛的方式之一。时至今日，高水平的新闻消息播报依然是各家电视媒体塑造整体形象的一个重要途径。准确、清晰地播报新闻消息，也是评判新闻播音员、新闻主播业务素质和专业能力的一个重要标准。

在本章中，我们将新闻消息按照内容分类，并结合现阶段电视新闻消息播报的特点进行全真稿件的分析和提示，以便读者更好地进行技巧训练和技能把握。

通常人们习惯称消息类电视新闻节目为电视新闻，即狭义的电视新闻消息。它在电视新闻节目中处于重要地位，是新闻节目的主体、骨干。电视新闻消息是电视台实现国内外要闻总汇的主渠道，是受众了解国内外大事的主要窗口。中央电视台的《新闻联播》是消息类电视新闻节目的代表之一。

第一节　理论概述

电视新闻消息的有声语言表达必须符合新闻创作的规律。对新闻消息的结构和特点等有全面的了解,有利于新闻消息稿件的有声语言创作。所以,在本节中,我们先来了解一下新闻消息的结构和稿件的特点。

一、新闻消息的结构

新闻消息的结构指消息的整体与部分、部分与部分之间的组织关系,实际上就是怎样组织材料的问题。新闻消息的结构一般包括导语、背景、主体、结尾四个部分,前三部分可以灵活运用,背景材料并无一定格式。

新闻消息的结构有很多种,比方说"倒金字塔式"结构、"螺丝式"结构、"编年体式"结构、"悬念式"结构、"散文式"结构等,但是最常见的还是"倒金字塔式"结构。

1. "倒金字塔式"结构

"倒金字塔式"结构也称"倒三角"结构,是消息写作中最常用的一种结构方式。它以事实的重要程度或受众关心程度,先主后次地安排消息中各项事实内容,犹如倒置的金字塔或倒置的三角形,因而得名。它多用于事件性新闻消息的报道。

"倒金字塔式"结构起源于美国南北战争时期电报的运用。在战争期间,电报业务刚开始投入使用,记者的稿件通过电报传送,但由于电报技术上的不成熟和军事临时征用等,稿件时常不能完全传送。后来,记者们想出了一种新的发稿方法:把最重要的战况结果等写在最前面,然后按事实的重要程度依次写下去,"倒金字塔式"结构由此产生。

"倒金字塔式"结构消息按照新闻事件的结果、起因、经过的顺序来写,开头往往设置一个悬念,较具故事性,又称新闻故事。"倒金字塔式"结构消息的导语是一个"五W"俱全的语段。"五W"是新闻术语,意指新闻中的何人(Who)、何事(What)、何时(When)、何地(Where)、何因(Why)这五个要素。"倒金字塔式"结构消息的主体是对导语的扩展,即对"五W"的扩展。"倒金字塔式"结构消息的结尾可有可无,如有话补充也可加一个简短的结尾。"倒金字塔式"结构消息的背景其实就是"何因",或是对"何因"的扩展。假如较简单,可放在导语;较复杂,可放在主体,一般在主体的开头。

"倒金字塔式"结构曾是独一无二的消息结构模式。它由于便于记者迅速写作,又便于编辑删改与编排,同时利于读者快速获取信息,至今仍是消息写作中的主要结构模式。

(1)"倒金字塔式"结构的特征。

"倒金字塔式"结构的特征是头重脚轻地组织、安排材料,将新闻的高潮或结论放在最前面,然后按事实重要程度递减的顺序书写,借以突出最重要、最新鲜的事实。这种结构消息中的导语尤为重要,其结尾一般都表现为自然结束。

直叙型的"倒金字塔式"导语开门见山地陈述最重要、最新鲜或读者最关心的事实。导语可独立成章,成为简明新闻或一句话新闻。

(2)"倒金字塔式"结构中的材料安排。

总体性倒叙:将最终结果或后发生且富有吸引力的材料置于篇首。

局部倒叙:在倒叙中采用顺叙手法,或在倒叙段落中穿插顺叙。

总体性顺叙:交代事件现在如何发展,进一步又如何发展。

(3)"倒金字塔式"结构的优缺点。

优点:易于组织材料,利于突出新闻的特点,行文简洁、明快,方便读者阅读,便于编辑处理。可以快速写作,不为结构苦思;可以快编快删,删去最后段落,不会影响全文;可以快速阅读,无须从头读到尾。这些优点符合新闻"快"的特点,因此"倒金字塔式"结构得以保留和推广。

缺点:结构形式缺乏变化,导语、正文、标题容易重复,文意跳跃性较大;缺少文采,没有生机,不能体现个性;结语不是铿锵有力,而是有气无力。

2. 非"倒金字塔式"结构

(1)"金字塔式"结构:将结论、高潮、结局等放在最后,呈正三角形,这种结构消息多用延缓型、悬念型、描写型导语,也可不用导语。主要有三种结构:第一种是延缓型结构,在开头吸引读者之后,不是将精彩材料一次性交代完毕,而是叙事跌宕起伏,逐渐向纵深延展,最后以回味无穷的结尾结束。第二种是悬念型结构,它是在延缓型结构上发展起来的,要求不断制造悬念,吸引读者兴趣。第三种是"DEE"结构,又称"华尔街日报体",DEE 是 Description(描写)、Explanation(解释)、Evaluation(评价)的缩写。其基本特征:从描写具体的某个人或场面入手,对事件进行进一步揭示和恰当的背景分析,进而显示主题,引出结论。

(2)"螺丝式"结构:取"倒金字塔式"结构的上部,将最重要、最新鲜、最吸引人的事实编写在导语里,此为"螺丝帽";主体部分的材料在反映新闻事实的主题上处于相对重要的地位,是为"螺丝杆";直到材料变得明显次要,是为"螺丝尖"。这种结构可采用除延缓型和悬念型以外的各种导语。

"螺丝杆"的写法主要有三种:第一种是时间顺序法,按事实发生、发展、结束的顺序来写,脉络清楚,线条单一;第二种是逻辑联系法,按照事物的内在逻辑联系安排材料,可按因果关系、并列关系、主次关系、从属关系来写;第三种是结合方法,就是将时间顺序与逻辑联系结合起来的一种综合方法。

(3)无导语结构:一气呵成、言简意赅、干净利落。比较典型的是非事件性新闻,比方说简讯或者一句话新闻。

(4)"散文式"结构:章法灵活、构思自如,较多的是指一种写作方法或风格,结构方面主要强调散文的"形散神不散"。

3. 事件性消息报道结构

事件性消息报道结构大体上包括三种:

(1)单线条过程结构:按事件的自然发展过程记述,叙述多用过去时或过去进行时。

(2)多线条过程组接结构:多线条平行进展,有时交叉进行。多用现场描述,使用现在进行时。

(3)多侧面组合结构:从多个侧面反映事实,适用于重大问题、重大事件的报道,有时一个侧面即可成篇,形成一组报道。

4. 非事件性消息报道结构

非事件性消息报道结构大体上包括两种:

(1)以虚代实式:通篇框架建立在抽象的理论、思想上,是"虚"的,具体材料的安排打破时空限制,服从于"虚"的逻辑。经验性报道、问题性报道常用此种结构。

(2)就实论虚式:先报道事实,再在此基础上发表一些议论,大体有两种情况,即提炼出来的"虚"向着一个方向集中或分散。每个单元的观点是独立的,彼此又存在一定的联系,但联系并不紧密,删去一两节无关紧要。如采访札记。

二、新闻消息稿件的特点

1. 新闻消息语言的特点

(1)准确无误。坚持新闻真实性的原则,除了新闻事实真实以外,语言的运用也必须准确。准确,就是反映事物最本质、最切实的状况,不含糊、不笼统、不模棱两可。

(2)简洁明快。新闻消息要求快而短,这就决定了新闻消息语言要简明扼要、直截了当,不能拖泥带水、拖沓冗长。要尽量用最少的文字及时、准确地报道事实真相。

(3)朴素实在。新闻消息用朴素、实在的语言报道新闻事实,这也是区别于其他文体语言的主要标志之一。朴素即自然,自然本身就有一种独具个性的和谐的内在美;实在就是表述时忌矫揉造作、渲染夸张。新闻消息的语言不能油腔滑调、花里胡哨。

(4)鲜活生动。新闻消息要及时、准确地反映丰富多彩、发展变化的客观事物,因此,新闻消息的语言必须清新优美、富有动感,并且能够引人注意、耐人寻味。新闻的新鲜感决定了新闻消息语言的鲜活生动,这也是其特征之一。

2. 新闻消息写作的基本要求

(1)主旨集中。做到一事一报道,主旨明确,一目了然。

(2)短小精悍。新闻消息要求言简意赅,现在报纸上的新闻消息一般在500字以内,有的只有一句话(即一句话新闻,或叫标题新闻);在广播电视中一则新闻消息的播放时间通常只有1至2分钟。

(3)要素周全。具备五个"W"和一个"H":何时(When)、何地(Where)、何人(Who)、何事(What)、何因(Why)、何果(How)。当然,一则新闻是否要完全具备这几个要素,得看需要而定。

(4)层次分明。新闻的结构形式有很多种,最常用的是"倒金字塔式"。结构不是模式,现实生活丰富多彩,新闻内容千变万化,新闻的结构形式也应千姿百态。

3. 新闻消息写作语言的把握

有关新闻消息的特点，各种论著的说法略有不同，兼顾广播电视媒体的特点，大致可以概括为"新鲜、真实、快捷、重要、短小、明了"。总体说来，新闻消息写作语言可以从以下三个方面来把握：

(1) 选词。广播电视新闻消息中所用的词语一定要准确、浅显，还要符合视听的要求。在消息中，用词应该准确无误，这是保证消息的内容得到有效表达的前提。

(2) 造句。广播电视新闻消息中的句子既要简短还要浅显，因为要兼顾各个文化层次的受众。有人甚至提出要以短句为主，要多用口语化的句子。句子短，便于播、易于听；句子的意思浅显有助于受众理解。那种认为句子太浅显表达不出内容深度的观点是错误的，我们提倡的是"深入浅出"。

(3) 谋篇。这里所谓的谋篇就是指对一则新闻消息的整体布局和写法。消息的谋篇要以有效地吸引受众、更好地传播主旨为第一目标。受众心理学表明，新闻消息的开头往往决定听众是否会产生兴趣听下去。人的兴奋是有时限的，一个兴奋点被刺激后产生的兴奋，会随着事件的发展而逐渐消失，等到下一个兴奋点被刺激时人才会再次兴奋起来。根据这些特点，为了使广播电视新闻消息能够更具吸引力，一般情形下，谋篇时就要考虑将最重要、与听众关系最密切或者是最有趣味的内容放在消息的最前面，让听众听了开头之后还想继续了解下去。

> **思考和练习**
>
> 1. 电视新闻消息都有哪些主要的结构类型？
> 2. 电视新闻消息语言的基本特点是什么？
> 3. 写作电视新闻消息稿件应该注意什么？
> 4. 试比较平面媒体新闻消息和广播电视媒体新闻消息的语言特点。

第二节　电视新闻消息播报实例解析

一、国内时政要闻播音

时政要闻是关于国家政治生活中新近或正在发生的事实的报道，主要包括政党、社会集团、社会势力在处理国家生活和国际关系方面的方针、政策和活动。

时政要闻也可概括为某个时间段发生的国际新闻，从国际局势出发纵览全局，概括性比较强。

我们在收看电视新闻的时候都会有这样一种体会，那就是往往国家的大政方针、国家领导人的政治工作以及世界政治格局和社会变革等都会在新闻节目的开始先播出，比如说国家各部委出台了一系列新的政策措施、国家领导人会见了哪些外国元首、社会不同领域发生了哪些重要的事件等。这是因为国家的大政方针和国家领导人的政治工作以及社会重大事件都关系到社会的全局，与百姓生活息息相关，具有全民关注的特性。

由于观看电视新闻节目不能像阅读报纸一样可以自己选择新闻消息去了解，而是必须逐条地按照编辑好的顺序去收看，因此往往这些重要的时政要闻会在新闻节目中按照"重要性递减"原则先后播出。

下面我们就几个例稿逐一进行分析，并对播报要点进行提示①。

> **例1：中共中央政治局召开会议　审议《关于二十届中央第二轮巡视情况的综合报告》　中共中央总书记习近平主持会议**

中共中央政治局3月29日召开会议，审议/《关于二十届中央第二轮巡视情况的综合报告》。中共中央总书记习近平主持会议。

会议指出，以习近平同志为核心的党中央/高度重视巡视工作，党的二十大

---

① 在具体稿件的分析和处理中，方便起见，并结合实践经验，可以用"//"表示停顿，"/"表示短时停顿，"⌒"表示连接，"——"表示语流中语势起伏变化较大的词或词组，"——"表示语流中语势起伏变化程度次于"——"标注的词或词组，其中包含了部分重音和主要信息，即在表达时需要强调和突出的内容。

以来/部署开展两轮中央巡视,完成对中管企业的全覆盖。//从巡视看,中管企业和相关职能部门党的建设得到加强,全面从严治党取得新成效,但也存在一些问题,必须从政治上高度重视,严肃认真解决。要把巡视整改/作为推进高质量发展和全面从严治党的有力抓手,加强组织领导,压实主体责任,建立/问题清单、任务清单、责任清单,做到件件有着落、事事有回音。要强化巡视整改监督,盯住重点人、重点事不放,逐一对账销号,建立整改问责机制,对敷衍整改、虚假整改的/严肃追究责任。

　　会议强调,国有企业是中国特色社会主义的重要物质基础和政治基础。要坚持和加强党的领导,深入学习贯彻习近平新时代中国特色社会主义思想,扎实履行职责使命,坚决做到"两个维护"。/要统筹发展和安全,增强忧患意识,坚持底线思维,坚决防范/化解风险,以高水平安全/保障高质量发展。/要纵深推进全面从严治党,把严的基调、严的措施、严的氛围长期坚持下去,加强对"一把手"和领导班子的监督,持续保持惩治腐败高压态势,深化以案促改、以案促治,坚决铲除腐败滋生的土壤和条件。/要认真贯彻新时代党的组织路线,加强领导班子建设、干部人才队伍建设和基层党组织建设。/要综合用好巡视成果,深入研究解决巡视发现的共性问题和深层次问题,进一步健全制度/机制,促进标本兼治。

　　会议还研究了其他事项。

(《新闻联播》2024年3月29日播出)

分析与提示:这是一则会议新闻。会议新闻消息是国内时事政治新闻的常见形式,且一般居于新闻节目重要位置。

　　第一自然段是新闻消息的导语部分,介绍了会议于何时召开,由谁主持。在表达时,这些信息不一定都需要强调,根据上下文确定确需表达的重点,原则是能够从听觉上辅助受众准确明晰地抓到主旨。

　　第二、三自然段是新闻消息的主体部分,先是指出巡视情况综合报告情况,然后强调要如何去做。表达主体部分的内容时更多运用的是停连技巧,需要找到长句子的气口,表达一些并列的词和词组时需要巧妙连接。

第四自然段是新闻消息的结尾。

例2：习近平会见俄罗斯外长

4月9日下午，国家主席习近平在北京人民大会堂会见俄罗斯外长拉夫罗夫。

习近平请拉夫罗夫向普京总统转达诚挚问候。//习近平指出，今年是中俄建交75周年。中俄两国携手走出了一条大国、邻国/和睦相处、合作共赢的崭新道路，造福了两国和两国人民，也为国际公平正义贡献了智慧和力量。//我和普京总统一致同意，继续保持密切交往，确保中俄关系始终顺利/稳定向前发展。//双方要以庆祝建交75周年和举办中俄文化年为契机，全面落实我和普京总统达成的一系列重要共识。

习近平强调，中方支持俄罗斯人民走/符合本国国情的发展道路，支持俄方打击恐怖主义、维护社会安全稳定。//中方始终高度重视中俄关系发展，愿同俄方密切双边沟通，加强/在金砖国家、上海合作组织等多边战略协作，展现更多担当，以平等、开放、透明、包容的精神/团结"全球南方"国家，推动全球治理体系变革，有力引领构建人类命运共同体。

拉夫罗夫转达普京总统对习近平主席的亲切问候和良好祝愿。表示，在习近平主席坚强领导下，中国取得了世界瞩目的成就，为其他国家实现共同发展提供了重要机遇，俄方深感钦佩。俄对外政策的优先方针是全面巩固提升对华关系。普京总统顺利当选连任/保证了俄中关系的连续性。俄中关系建立在平等互利基础上，超越了冷战时期的同盟关系，显示了强大韧性。俄方愿同中方/认真落实两国元首重要共识，加强双边和多边协作，同其他"全球南方"国家一道，加强团结合作，为推动形成更加公平公正的国际秩序作出贡献。

王毅参加会见。

(《新闻联播》2024年4月9日播出)

分析与提示：这是一则会见新闻消息。会见新闻消息也是国内时事政治新闻的重要类型之一，一般报道的是国家元首或领导人的重要政治活动。

第一自然段是导语部分，介绍了时间、地点和人物。当前的新闻一般都是当天播发，所以不再强调日期，除非有时差或者错时播发才会根据表达需要强调时间。相较而言人物才是重点信息：谁会见了谁。地点则是根据在整则消息中的重要性决定是否需要强调。

第二、三、四自然段是新闻消息的主体部分。第二、三自然段是我方领导人表达问候，畅叙两国友好往来、相互理解支持、共同合作发展等内容；第四自然段是对方代表所做的与相关内容对应的发言和表态。

会见新闻中最常见的内容就是会见双方在各个方面的历史交往与未来展望，牵涉很多政策条款与双边合作，所以并列关系、平行关系的词和词组、句子较为常见，表达这些时需要运用停连技巧，还要在相同结构的词组和短句中找准重音来强调并凸出区别信息及重要信息。

最后一段是消息的结尾部分，介绍参加会见的其他重要代表。

二、国际时政要闻播音

国际新闻包括政治、经济、军事、文化、科技、环境等方面的信息，涵盖的领域非常广泛。具体来说，政治类国际新闻通常包括国家之间的关系、政治危机、选举、外交关系、政策变动等；经济类国际新闻关注国家间的贸易、能源、货币政策等重大经济问题；军事类国际新闻涉及各国的军备竞赛、军事部署、战争等；文化类国际新闻涉及不同国家间文化和社会价值的不同和交流；科技类国际新闻包括科技的发展趋势、新科技产品的发布、计算机病毒的传播以及网络安全等；环境类国际新闻则涉及全球变暖、自然灾害、环境污染等环境问题。总之，国际新闻是一个包罗万象的领域，可以涉及几乎所有的方面。

下面我们就几个例稿逐一进行分析，并对播报要点进行提示。

例1：2024年美国总统选举 美媒：拜登锁定民主党总统候选人提名

当地时间3月12日，据美国多家主流媒体测算和报道，现任总统拜登/锁定2024年美国总统选举/民主党总统候选人提名。

据悉，拜登需要在美国各州3934名民主党代表中/获得至少1968名代表的支持/才能最终获得民主党总统候选人的提名。//据美国有线电视新闻网的数据,在 12 日佐治亚州民主党总统初选之前,拜登已经在各州此前举行的总统初选中/获得 1867 名民主党代表的支持,这意味着拜登/只需在佐治亚州民主党总统初选中/获得 101 名代表的支持,即可获得民主党总统候选人的提名。

据美联社报道,拜登在美国东部时间 19 时 30 分左右,已经在佐治亚州民主党总统初选中/获得超过 101 名党内代表的支持,预测其/将赢得该州民主党总统初选。

(《朝闻天下》2024 年 3 月 13 日播出)

分析与提示: 这是一则关于他国元首竞选的国际时事政治新闻。在新闻节目中,他国元首竞选与变更是重要内容之一。

第一自然段是新闻消息的导语部分,介绍了何时、何人、何事等信息。在这里面,"现任""拜登""2024 年""民主党"等信息尤为重要。

第二自然段是新闻消息的主体部分,较为详尽地介绍了根据几家媒体报道汇总的最新动态,其中,规则介绍和人数信息都是比较重要的内容。

第三自然段是新闻消息的结尾部分,介绍了截至发稿时的最新动态和预测。

例 2:俄乌冲突·俄外交部发言人称 西方拱火浇油 乌克兰危机可能会失控

俄罗斯外交部发言人扎哈罗娃 13 号警告称,由于北约一两个成员国欠考虑的行为,乌克兰危机可能会蔓延和失控。//他表示,西方不断为俄乌冲突火上浇油,而不顾可能造成的后果,西方正走在悬崖的边缘,并将世界也推向悬崖边缘。//上个月,法国总统马克龙表示,西方不应排除向乌克兰派遣军队的可能性。/波兰外长希科尔斯基近日表示,来自北约国家的士兵已经出现在乌克兰。/俄方曾表示,如果北约向乌克兰派遣军队,将被视为直接向俄罗斯宣战。

(《新闻直播间》2024 年 3 月 14 日播出)

分析与提示: 这是一则关于国际武装冲突的国际时事政治新闻。战争与武装冲突以及各国表态也是国际时事政治新闻的重要内容之一。

这则消息属于一段式结构，言简意赅地介绍了俄罗斯外交部发言人对于乌克兰危机当前形势的态度和看法，以及法国总统和波兰外长的表态。

消息中有很多描述性和比喻性语言，在表达时需要在语句关系上找到语句链条缺失的部分，使用内在语的内部技巧让语句关系明晰流畅。国际新闻的翻译会有很多成分复杂的长句子，在播报时需要根据上下文意思和语法关系来确定换气补气口，让意思抱团儿，同时还要注意语句之间的层次关系，让逻辑更为清晰。

三、新闻简讯播音

简讯又称短讯、简明新闻，就是用最简洁、最概括的言语报道事实的新闻文体。

新闻简讯是在报道最新发生的事件时，提供简要、迅速的资讯，通常只包括必要的关键信息，如谁、什么、哪里、何时、为什么以及如何。因此，新闻简讯通常比较短，不包含详细的解释或分析。此外，新闻简讯的语言风格也更为简洁、直接，以便快速传达信息。

在一档资讯类节目当中，新闻简讯大致包含以下内容：

(1) 政治方面：涉及国家之间的政治关系、领导人的活动、国际组织的事务等。

(2) 经济方面：涉及全球经济形势、国际贸易、金融市场、投资活动等。

(3) 冲突与战争：涉及国际冲突、战争、恐怖主义活动、军事行动等。

(4) 环境与气候变化：涉及全球环境问题、气候变化、自然灾害等。

(5) 科技与创新：涉及科技领域的新发现、创新成果、科技公司的动态等。

(6) 文化与娱乐：涉及国际电影、音乐、体育等领域。

(7) 社会问题：涉及人权、贫困、移民、健康、教育等。

(8) 移民与难民：涉及全球范围内的移民、难民问题以及边境安全等。

(9) 国际合作与发展：涉及国际组织、国际合作项目、发展援助等。

(10) 科学与医疗：涉及全球科学研究、医疗领域的新发现、健康问题等。

以上只是一些常见的主要类别，实际上新闻简讯的范围非常广泛，涵盖了各个方面的内容。具体的新闻简讯还会根据时事和地区的不同而有所变化。

有时新闻简讯也会包括更多的细节、背景和相关信息，并可能包含记者的个人观点和分析，或者从多个角度对同一事件进行报道。此外，新闻简讯的语言风格也可生动、活泼。

总之,新闻简讯是快速传递最新资讯的方式。

注意事项:

(1)简讯一般是指200字以内的短消息。简讯虽短,却应是一个完整的消息,回答以下基本问题:何时、何地、何人、何事。还要尽可能回答两个问题:何故、如何。

(2)播报新闻简讯可采用男女声轮流播报或者一个人播报的形式。不管是用哪种形式,播报简讯的时候一定要在开头和结尾用有声语言区别开,每条消息的结尾都应该具有"着陆"感,也就是语势在结尾要能够落下、收住。

(3)在新闻简讯中,两个字的音译遵照汉语普通话的"中重"格式,也就是第一个字读得适中,第二个字读得较重、调值完整,比如"布朗";三个字的音译则应该遵照"中轻重"格式,比如"布莱尔";四个字的音译遵照"中轻中重"格式;五个字的音译则按照"二三"或者"三二"的分组方法,分别遵照"中重+中轻重"格式和"中轻重+中重"格式。

(4)一些消息在当地是重要新闻事件,在全球范围来看可能没有那么重要,但是又要在简短的几句话里面把新闻事件说清楚,因此有的时候国际简讯有较强的叙述性。

(5)国际简讯都翻译自其他国际新闻社,因此语法结构和国内简讯略有不同,往往会出现句法结构层层相套、修饰成分环环相扣的长句子,这也要求播音员能够把句子结构理清楚,并且能够找准停连的地方,以便播报得更加顺畅、自然。

例1:国内新闻简讯

前两个月互联网企业业务收入同比增长7.6%

工业和信息化部数据显示,今年1—2月份,互联网业务收入稳步提升,规模以上互联网和相关服务企业/完成互联网业务收入2463亿元,同比增长7.6%;实现利润总额169.7亿元,同比增长6.5%。

我国通用及小型运输航空飞行员数量创历史新高

记者从中国民航局了解到,截至2023年底,我国实际在运行的通用及小型运输航空公司396家、/航空器2141架、/从业飞行员3980名,/人数创历史新高,较上年增长18.1%。

甲辰年清明公祭轩辕黄帝典礼在陕西黄陵举行

今天,甲辰年清明公祭轩辕黄帝典礼/在陕西黄陵举行。今年典礼以"铸牢中华民族共同体意识 奋进中国式现代化新征程"为主题,海内外华人华侨代表、共和国勋章和国家荣誉称号获得者等各方嘉宾/约400人参加了现场典礼。

江南华南多地有强降雨和强对流天气

中央气象台预计,今天夜间到明天,湖南、江西南部、福建等地部分地区/有大到暴雨,广西东北部、广东西北部等地/局地有大暴雨,部分地区最大小时降雨量30毫米~50毫米,局地可达80毫米以上,并伴有雷暴大风或冰雹等强对流天气,需注意防范。

(《新闻联播》2024年4月4日播出)

分析与提示:具体表达要点可参考例子中的标注。

例2:国际新闻简讯

伊朗外长说美对伊使馆建筑遭袭负有责任

伊朗外长阿卜杜拉希扬8日在叙利亚大马士革表示,美国对以色列/袭击伊朗驻叙利亚使馆建筑的行为/负有责任。他说,以色列使用的是"美国战机和导弹"。同时,美国拒绝谴责以色列的袭击行为,说明美国为以色列/实施袭击"开了绿灯"。阿卜杜拉希扬说,美国对"这起恐怖事件"负有责任,并且必须承担责任。

美国拉斯维加斯发生枪击 3 人死亡

8日,美国拉斯维加斯一家律师事务所发生枪击,共有3人死亡。/警方称,案发时一名男子朝着一男一女开枪,导致两人死亡,之后枪手开枪自杀。/枪击发生后,律师事务所所在建筑内的数百人疏散。枪手作案动机等有待调查。

哥伦比亚首都圈因干旱实行用水配给

哥伦比亚首都波哥大市市长加兰8日宣布,由于厄尔尼诺现象/导致当地旱情严峻,波哥大市/将从4月11日起/实行用水配给措施。该措施还将适用于首都附近的11个城市,影响至少900万人。加兰说,波哥大70%的用水供应/来自周边3个水库,而这些水库的水位/目前已降至40年来的最低水平。

北美地区上演日全食天象

当地时间8日,美国、墨西哥和加拿大等国部分地区民众/观看到了日全食天象,全食阶段持续了4分钟左右。在北美地区全食带以外的一些地方,人们则有机会观看到了日偏食。当太阳、月球、地球处于同一直线上,且月球位于太阳和地球中间时,就可能出现日全食。

(《新闻联播》2024年4月9日播出)

分析与提示:具体表达要点可参考例子中的标注。

四、地方新闻播音

地方新闻是指相对于全国新闻、国际新闻而言的区域性新闻,是以某一区域为传播范围的地方性新闻媒体的新闻报道。都市报、晚报、商报的地方新闻往往指在本城市发生的新闻。因为地方新闻具有接近性,都市类报纸出于竞争的需要,对其越来越关注。

例1. 厦门生态文明实践:筼筜湖的蝶变

厦门是习近平生态文明思想的重要孕育地和实践地。1988年,时任厦门市委常委、常务副市长的习近平同志主持启动"综合治理筼筜湖",到现在已历经5期整治。/36年来,厦门市久久为功,一张蓝图绘到底,筼筜湖综合治理/实现了从点到面、从水下到岸上、从单一治理到联合共治的转变,探索出一条/协同推进高质量发展和高水平保护的/生态文明实践路径。

如今,信步厦门筼筜湖,两岸绿树成荫,秀丽逶迤的湖面上/白鹭点点,人与白鹭和谐共处,厦门人都称这座湖是自家的"城市新客厅"。

但就在30多年前,筼筜湖并不是这样。当时,城市污水大量排入,水体发黑发臭、垃圾遍地、鱼虾白鹭绝迹……筼筜湖的污染问题/是当时摆在厦门面前的一道发展课题——要不要以生态环境为代价换取经济增长？

在《闽山闽水物华新》一书中，记录了当时习近平同志对这一问题的清醒认识："保护自然风景资源，影响深远，意义重大。""我来自北方，对厦门的一草一石都感到是很珍贵的。"/面对不断恶化的筼筜湖生态，1988年3月，习近平同志主持召开"综合治理筼筜湖"专题会议，组建了筼筜湖治理领导小组，创造性地提出了"依法治湖、截污处理、清淤筑岸、搞活水体、美化环境"的"二十字方针"。

"二十字方针"为筼筜湖治理指明了方向，在相关职能部门和专家的参与下，一整套治理方案出炉。但难题也随之出现了，治理的经费从何而来？

在根治污染的决心之下，厦门此后不仅连续三年/每年投入1000万元财政资金，还同时多渠道筹措排污费等资金，治理力度空前。与此同时，从1989年厦门市政府颁布的《筼筜湖管理办法》/到其后10多部涉海法规，治理每向前推进一步，都有不断升级的法律制度作为保障。

此后，厦门历届市委、市政府/先后开展了5期综合整治，一张蓝图绘到底，共投入资金约19.9亿元，循序渐进、久久为功。

为了治污，环湖周边数十家重点污染企业被关停，南北两岸排洪沟口、雨水口全面截污，还建设了16座污水提升泵站和1座海水泵站。

为了清淤，坚持每10年进行一次大的清淤，共清淤550万立方米。

为了搞活水体，建了近7公里的海水输送管，还充分基于自然/将潮水引入筼筜湖，大幅改善了湖区水动力条件。

同时，沿湖修建了大量公园绿地，种植9个品种/约2.6万平方米红树植被，形成了"四湖六园"的格局。经过30多年的持续治理，筼筜湖实现了从点到面、从水下到岸上、从单一治理到联合共治。

如今，筼筜湖的水质越来越好，生物多样性在不断增加。湖区近年共发现63种游泳生物、123种浮游植物，累计发现15目/37科/88种鸟类。

如今，筼筜湖治理工作/已被列入中国政府对外援助项目/"海岸带综合管理"研修课程,面向全球100多个发展中国家/开展培训和经验推广。2021年,筼筜湖生态修复还作为中国生态修复典型案例之一/在联合国《生物多样性公约》缔约方大会/第十五次会议相关论坛上发布。

　　如今,生态环境优美的筼筜湖/已经成为厦门高颜值生态花园城市、人与自然和谐共生的典范。

(《新闻联播》2024年2月20日播出)

分析与提示:这是一则地方新闻报道。各地值得推荐和介绍的先进理念及经验是地方新闻报道的重要内容之一。

这则地方新闻报道的结构不同于消息最常见的"倒金字塔式"结构,而是采用新闻专题和通讯的写法,将筼筜湖的过去和现在进行对比,运用了很多文学性的语言,更具形象性和感染力,能够起到很好的传播和宣传效果。

这则新闻报道的篇幅较长,加之有很多文学性写作手法,在播音表达时更需注重语流的起伏以及声音控制的强弱变化,但要特别明确的是消息类节目中的播音,不能完全像专题节目中播音的速度和节奏,要和整档新闻消息类节目的速度及节奏相匹配,这就增加了播音的难度:既要有起伏变化,又要保持较快的速度和节奏。

例2. 正月十五闹元宵 各地欢度佳节

　　赏花灯、吃元宵、扭秧歌,今天,人们在浓浓的喜庆氛围中/欢度元宵佳节。

　　元宵节闹花灯。在福建龙岩,除了火热的客家民俗风情,/裸眼3D、全息投影等光影科技/让游客体验别样元宵节;/在泉州,千盏非遗花灯流光溢彩。/在内蒙古乌兰察布,365盏灯/组成了"九曲黄河"灯阵,人们游走其中/迎春纳福。/在安徽黟县古村落,"十二生肖"花灯寓意来年风调雨顺。/在浙江湖州,在五颜六色的彩灯中,人们重温传统猜灯谜的乐趣。/在山西大同,古城灯会华灯璀璨,人们尽享元宵佳节的欢乐祥和。

　　汤圆话团圆。在海南三沙,投福球等趣味活动/让人们在欢笑声中欢度佳节。/在贵州丹寨,移民搬迁后的苗族群众/欢聚一堂品汤圆,乐享美好生活。/

在重庆长寿,社区居民聚在一起/包汤圆、煮汤圆,其乐融融。

热闹的秧歌扭起来。东北大秧歌热情奔放,胶东大秧歌欢快诙谐。/在北京平谷,有着30多年历史的传统秧歌花会隆重上演,伴随着锣鼓点,表演者或扭或跳,或唱或逗,尽展才艺,各亮绝活儿。/在河北衡水,"百鼓擂鸣"气势磅礴、威武雄壮。/在四川成都,人们敲起了红火的中国鼓,律动的鼓点激起了大家的热情。

(《新闻联播》2024年2月24日播出)

分析与提示: 这是一则综合报道。地方新闻报道常常采用综合报道的方式将各地在同一时节或同一节假日的情况分类进行报道。

第一自然段是导语部分,正文主体部分与导语相呼应,分为三个段落分别报道赏花灯、吃元宵、扭秧歌等元宵节传统民俗活动盛况。

表达的时候特别需要注重节日氛围的营造与渲染,需要用气发声的合理调度使用。同时,还需要通过语势变化将段落和段中层次区分开来。

五、财经新闻播音

财经新闻属于新闻的一个细分类目,侧重点是采集、报道、发布财经领域的新闻。

财经新闻有广义和狭义之分。

广义的财经新闻或称泛经济新闻,覆盖全部社会经济生活和与经济有关的领域,包括从生产到消费,从城市到农村,从宏观到微观,从安全生产到服务质量,从经济工作到政治、社会生活中的相关领域。

狭义的财经新闻则重点关注资本市场,并用金融资本市场的视角看中国经济发展。

例1:博鳌亚洲论坛2024年年会准备就绪

博鳌亚洲论坛2024年年会/即将在明天正式开启,本届年会吸引了3000多名中外嘉宾出席,其中包括一大批外国现政要、前政要和国际组织负责人等。

本届博鳌亚洲论坛年会/以"亚洲与世界：共同的挑战，共同的责任"为主题，设置"世界经济""科技创新""社会发展""国际合作"四大板块，涵盖40多场分论坛活动。与会的中外嘉宾将围绕"中国经济展望""绿色发展""数字经济"等议题，探寻/重建信心、共促发展之道。目前，年会各项工作已经准备就绪。

今年，博鳌亚洲论坛将突出"绿色办会"的特点，整个年会期间使用100%的绿电。博鳌亚洲论坛新闻中心也于今天正式启用，截至目前，新闻中心注册记者已达1100多人。

(《新闻联播》2024年3月25日播出)

分析与提示：这是一则有关经济活动的新闻消息。财经会议、财经论坛、财经政策等都是财经新闻的重要内容。

第一自然段是导语部分，介绍了何时、何地、何事、何人等信息。这一部分，哪一年年会、多少嘉宾以及哪些嘉宾出席等信息较为重要。

第二自然段是主体部分，详细介绍了论坛年会的主题、分论坛活动以及准备情况。表达时主要注意停连技巧的综合运用，需要强调的重音是什么主题、多少场活动以及准备情况等。

第三自然段是结尾部分，介绍了论坛的特点、新闻中心启用情况。所以，需要强调的也是特点、启用情况和记者人数等信息。

例2：一季度我国货物贸易进出口总值同比增长5% 外贸起势良好

今天，国务院新闻办公室召开新闻发布会，海关总署相关负责人介绍，今年一季度，我国货物贸易进出口规模历史同期/首次突破10万亿元。

据海关统计，今年一季度，我国货物贸易进出口总值10.17万亿元，同比增长5%。其中，出口5.74万亿元，增长4.9%;/进口4.43万亿元，增长5%。进出口增速/创6个季度以来新高。

出口方面，我国传统领域和新业态均表现亮眼。/一季度，机电产品和劳动密集型产品出口势头良好。机电产品出口3.39万亿元，增长6.8%，占出口总值的59.2%;/其中,电脑及其零部件、汽车、船舶/分别增长8.6%、21.7%、113.1%。/同期,劳动密集型产品出口9757.2亿元,增长9.1%。

进口方面,我国能源、金属矿砂、粮食等大宗商品进口量增加6.2%,机电产品进口增长9.6%。/此外,纺织服装、干鲜瓜果及坚果进口分别增长12.6%、18%。

从贸易伙伴看,今年一季度,我国对共建"一带一路"国家/进出口4.82万亿元,增长5.5%,占进出口总值的47.4%。/对其他9个金砖国家进出口1.49万亿元,增长11.3%。

(《新闻联播》2024年4月12日播出)

分析与提示:这是一则经济数据统计新闻消息。经济领域各行业部门一定时期的财报数据统计,是财经新闻的重要内容之一。

第一自然段是导语部分,介绍了何时、何事。所以,表达时重音确定为谁介绍、几季度、第几次、多少钱等信息。

第二、三、四、五自然段是新闻主体部分,分别介绍了当年一季度我国货物贸易进出口具体情况以及增幅和详细数据。表达时,需要特别注意各种数据,数据单位是"万亿元",增长幅度是"百分比",同时还要根据意思让语句凝练、抱团儿,否则听起来会让人感觉数据散乱,意思不连贯。当然,还需要根据意思和表达习惯对长句子进行恰当的停顿划分。

六、文化娱乐新闻播音

文化娱乐新闻简称文娱新闻,是指专门对文学、艺术等方面具有新闻价值并能给人带来审美愉悦的有关情况的报道。

例1:殷墟博物馆新馆开馆全景展示商文明

今天,坐落在河南安阳的殷墟博物馆新馆正式对公众开放。

殷墟是我国历史上第一个有文献可考、为考古发掘和甲骨文所证实的商代晚期都城遗址。殷墟博物馆新馆/展厅面积约2.2万平方米,展出青铜器、陶器、玉器、甲骨等文物近4000件套,其中四分之三属首次亮相。/大量精美绝伦的文物从不同的角度/展现出3000多年前青铜文明的鼎盛面貌,也让观众近距离感受商代巧夺天工的技术工艺。

(《新闻联播》2024年2月26日播出)

分析与提示:这是一则文化新闻消息。文化领域的各种动态及活动是文化新闻消息的重要内容之一。

第一自然段是导语部分,介绍了何时、何地、何事等信息。表达时更为重要的信息是"新馆"。

第二自然段是主体部分,较为详细地介绍了相关数据和信息。具体表达时首先注意强调"第一个""首次"两个信息,其次注意几类文物之间的连接技巧。"不同的角度""3000""青铜文明""近距离"等也需要强调表达。

例2:舞剧《第38任班长》四川大剧院上演

近日,由四川省歌舞剧院创排的舞剧《第38任班长》在四川大剧院上演。

该剧根据5·12汶川地震真实故事改编而成,讲述了黄继光生前所在部队的55名空降兵战士,为了打通生命通道,盲跳至灾区救援的故事。/他们的惊天壮举/在灾区男孩程强的心中深深地埋下了一颗梦想的种子。舞剧中,程强为追寻英雄的脚步,踏上了一段长达13年的追梦之旅,他在一次次的努力与拼搏中/感受着前辈们的嘱托与虔诚。最终成为黄继光班的第38任班长。

《第38任班长》采用双时空并行的叙事手段,将程强人生历程中重要的两条时间线在剧中并行展现,舞台上,伴随着天空中飘荡的降落伞,展现了男孩追梦路上的酸甜苦辣。

(《中国文艺报道》2023年11月30日播出)

分析与提示:这是一则娱乐新闻消息。各类文艺演出活动、影视剧集信息、演员艺人动态等都是娱乐新闻消息的主要内容。

第一自然段是导语部分,介绍了何时、何事、何地等信息。表达时抓住哪个剧院、哪出剧目、在哪儿演出即可。

第二、三自然段是主体部分,主要介绍了剧情内容以及剧作的艺术表现和叙事手法,因为有一些描述性语言,所以在表达时注意语势变化和段内层次划分,根据意思恰当停连,让气口顺畅自然,让意思清晰晓畅。

七、教育科技新闻播音

教育新闻主要报道教育领域的动态及成果、学校教学与学生活动、教育相关政策法规及其执行情况以及教育与社会各领域相关的信息。

科技新闻是报道科技活动和科技成果的新闻。科技新闻作为新闻的一个分支,除了具有新闻的一般特性外,还具有准确性(对科学概念而言)、通俗性(对深奥原理而言)、知识性(对普及科学而言)。

例1:中国专家在日内瓦宣讲中国保障少数民族受教育权研究成果

联合国人权理事会第55届会议期间,由中国人权研究会主办的/"现代化发展中的少数民族受教育权——以中国西藏和新疆为例"主题边会/日前在瑞士日内瓦举行。多名中国专家学者/结合中国西藏和新疆的实践,宣讲了中国在现代化发展中/保障少数民族受教育权的研究成果。

会议现场还举办了/"中国少数民族的现代化生活"图片展,生动展现了中国少数民族在政治、经济、社会、文化等多个领域/推进现代化的丰富实践。

(《新闻联播》2024年3月16日播出)

分析与提示:这是一则教育新闻消息。学校教育与学生活动以及教育相关的政策法规、条例规章等内容都是教育新闻消息的重要内容。

第一自然段几乎囊括了所有重要信息,介绍了何时、何事、何地、何人,表达时的难点是分析处理好长句子和长短语,什么主题边会、什么研究成果等特别需要根据意思划分好停连关系。

第二自然段介绍了会议现场的一个图片展,表达时同样需要恰当划分停连,尤其是播报顿号间隔开的四个领域时需要用连接的技巧。

例2：鹊桥二号中继星任务取得圆满成功

  国家航天局今天宣布，鹊桥二号中继星在轨工作正常，可为探月工程四期及后续国内外月球探测任务/提供中继通信服务，鹊桥二号中继星任务/取得圆满成功。

  自3月20日鹊桥二号发射升空后，经过中途修正、近月制动、环月轨道机动，于4月2日/按计划进入24小时周期的/环月大椭圆使命轨道。截至目前，它已完成和嫦娥四号以及嫦娥六号地面设备之间的通信测试。

  鹊桥二号重约1.2吨，主要用于转发月球背面与地球之间的通信。之所以需要用到它，是因为降落在月球背面的探测器/无法直接和地球通信，因此需要一颗卫星来做"传声筒"。

  后续，我国的月球探测主要集中在月球南极地区，为了尽可能地满足通信要求，研制团队还为鹊桥二号设计了一条新轨道——环月大椭圆使命轨道。鹊桥二号在上面运行，可以保持长期不变的稳定状态，可大大节省燃料。

（《新闻联播》2024年4月12日播出）

  分析与提示： 这是一则科技新闻消息。科技活动和科技成果以及科技应用方面的重要动态、突破是科技新闻消息的重要内容。

  第一自然段是导语部分，介绍了何时、何人、何事等信息，表达时强调什么工作、什么任务等信息即可。

  第二、三、四自然段是主体部分，较为详细地介绍了本次任务的前期、目前和后续情况，在表达时注意通过语势变化来区分层次。对于消息中很多形象生动的描写和比喻，可调动相应内部技巧，让科技内容尽量通俗易懂、生动有趣。

八、体育新闻播音

  体育新闻是对体育领域新近发生的事实的报道，包括运动竞赛、运动训练、学校体育、群众体育领域中的各种新发生的事实。其中，运动竞赛相关新闻占据主要地位。

例1：北京冬奥会赛况

北京冬奥会今天进入开幕之后的第11个比赛日，在雪上项目上，中国选手从昨晚到今天表现出色，在三个项目上共拿到两枚金牌、一枚银牌，创造了中国参加冬奥会的历史！

徐梦桃夺得自由式滑雪空中技巧冠军

因为降雪的影响，自由式滑雪空中技巧/女子的预赛推迟到昨天下午进行。仅过了三个小时，选手们就站上了决赛的赛场。决赛第一轮，徐梦桃得到了103.89分，她和另外一名中国选手孔凡钰/都闯进了决赛的最终轮。//第二轮，每名选手只有一次机会，第一位出场的卫冕冠军/白俄罗斯选手胡什科娃发挥十分出色，拿到107.95分。倒数第二位出场的徐梦桃顶住压力，拿到108.61分，超过对手排在第一，在自己参加的第四届冬奥会上勇夺冠军。

单板滑雪大跳台的比赛今天上午开始在首钢滑雪大跳台进行。在率先进行的女子比赛中，中国选手荣格凭借后两跳的精彩发挥，以总分160分取得了第五名的优异成绩。

单板滑雪男子大跳台苏翊鸣勇得冠军

随后进行的男子比赛，8天前刚刚获得一枚银牌的17岁中国选手苏翊鸣/再次向最高领奖台发起冲击。最终苏翊鸣第二跳拿到93分，以182.50分的总成绩/排名上升到第一位。

最后一轮比赛，其他11名选手/先后向排名第一的苏翊鸣发起冲击。在倒数第二个出场的挪威选手的成绩公布后，最后一个登场的苏翊鸣/确定以无可争议的实力获得冠军，这也是中国选手在单板滑雪项目上获得的首个奥运冠军！

今天上午，在自由式滑雪女子/坡面障碍技巧决赛上，中国选手谷爱凌最后一轮顶住压力，以一套完成质量很高的动作拿到86.23分，最终成功拼下一枚银牌，冠军被瑞士选手格雷莫德获得。接下来，谷爱凌还将在U型场地比赛中继续向金牌发起冲击。

（《新闻联播》2022年2月15日播出）

分析与提示：这是一则体育赛况新闻消息。对于重大赛事活动，往往采用综合报道的方式将同一时段各项赛事进行整合一同播发。

第一自然段导语部分，并没有典型导语的几个 W 的介绍，而是以概括的方式将最新的成绩罗列，自然承转到下面的详细内容。

接下来的部分分别用两个标题报道了截至发稿时更为重要的赛事动态，在表达的时候首先要通过文字稿件进行情景再现，将比赛的热烈紧张气氛还原，将激动人心的情绪准确呈现。体育新闻报道中有很多赛况和成绩的信息，表达时要能够感受到这些数据的意义，对于赛况的描述也要尽量做到准确和贴切。

例 2：【一线调研】一个篮球"打"开发展新思路

今年 3 月底，在贵州省台盘村，一场"美丽乡村"篮球赛一度火出圈。这个被网友称为"村 BA"的乡村篮球赛/一跃成为消费市场的"大 IP"，当地围绕一个"篮球"做文章，打开了乡村振兴的新思路。

火爆的篮球赛事虽然已经结束一个月了，但在台盘村的篮球场，记者却依然可以感受到浓烈的运动氛围。

台盘村的这个篮球场/吸引了不少游客前来拍照打卡。

当地提供的数据显示，"村 BA"决赛期间所产生的/餐饮、住宿、农产品等消费需求成倍增长。随着"村 BA"名气的不断扩大，客流量也在不断地增多，但村里的赛事却不是时常有，/怎么能留住这些游客，创造更多的经济效益呢？在篮球场的一侧，一家"村 BA"线下官方体验店吸引了记者的注意。

依托体验店这一平台，当地的设计团队/还研发了颇具苗族特色的钥匙扣、香片。搭乘这班顺风车，台盘当地的稻米、辣椒、蜂蜜等土特产的销售也很旺盛，这几天日均盈利都超过 5000 元。

不仅是潮牌文创，随着"村 BA"知名度的不断传播，更多返乡青年也选择回到台盘。在青年返乡创业园区内，我们见到了去年还在成都打工的杨星，今年他回到家乡，入职了园区内的一家食品加工企业。

眼下，台盘又瞄准了新的方向，食品加工及预制菜产业园正在抓紧建设当中,目前规划了17栋厂房,一期项目总投资2.68亿元。

未来,台盘针对当地特有的民族文化、田园风光深度挖掘,将打造富有贵州乡村特色的"村BA"旅游度假景区,形成"稻＋鱼"、"茶＋果"、中药材、食用菌等农业特色产业集群。

(《新闻联播》2023年4月29日播出)

分析与提示:这是一则体育新闻专稿。对于体育领域的一切内容,既可以通过新闻消息的方式报道,也可以通过专题或者专稿的方式进一步深入细致地分析,以更立体、多维地进行报道。

这则体育新闻报道没有采用新闻消息的框架结构,而是用新闻通讯和专稿的结构方式,具有很强的叙事性特点。作者以第一人称视角,以现场体验式的报道方式,将受众带入报道的真实场景之中。所以在表达的时候,要找到恰当贴切的语气,调动内外部技巧,将这样一则具有积极意义的新闻稿件鲜活生动地呈现出来。

九、口播和口导播音

在电视新闻传播活动中,口播特指电视新闻播音员出图像播报新闻消息的语言传播活动,内容一般是没有新闻画面但又急需播发的最新消息,或者是政令和通告发布等,电视新闻评论播音有时也采用口播形式;口导是电视新闻播音员出图像播报新闻消息导语的语言传播活动,通常情况下口导之后是配有画面和配音的电视新闻主体部分。

有时在直播时来不及对紧急稿件进行后期画面剪辑和配音,播音员现场播报稿件所有内容,总控制台适时切入与所播内容有关的视频、画片、图表等,这种合成方式也称作"口切"或者"口划"。

例1:李强签署国务院令公布《生态保护补偿条例》

国务院总理李强/日前签署国务院令,公布《生态保护补偿条例》,自2024年6月1日起施行。

《条例》共6章33条。一是/明确生态保护补偿的内涵。二是/明确工作原则、健全工作机制。三是/规范财政纵向补偿。国家通过财政转移支付等方式,对开展重要生态环境要素保护/以及在生态功能重要区域开展生态保护的单位和个人,予以补偿。四是/完善地区间横向补偿。鼓励、指导、推动生态受益地区与生态保护地区/通过协商等方式/建立地区间横向补偿机制。五是/鼓励推进市场机制补偿。鼓励社会力量以及地方政府按照市场规则,通过购买生态产品和服务等方式/开展生态保护补偿。六是/强化保障和监督管理。

(《新闻联播》2024年4月10日播出)

分析与提示:这是一则口播政令通告。党的大政方针、法令法规、各类规章制度等的发布,都是电视新闻节目中口播新闻的重要内容。这一类新闻一般来说没有新闻画面,需要播音员出图像播音,或配合字幕屏播出。

这则消息共有两个自然段,第一段是导语部分,第二段是主体部分,表达的时候需要特别注意语气和态度。播音员在播报这类政令通告稿件时代表的是党和政府,需要一定的表达规格,还要注意分寸拿捏。这些都需要以理解稿件为基础,但实际上在播音中体现更多的是播音员的政治素养和新闻素养。

例2:人民日报社论:凝心聚力,推进强国建设、民族复兴伟业——热烈祝贺十四届全国人大二次会议胜利闭幕

明天出版的《人民日报》将发表社论,题目是《凝心聚力,推进强国建设、民族复兴伟业/——热烈祝贺十四届全国人大二次会议胜利闭幕》。

社论指出,团结一心谋发展,砥砺奋进向未来。习近平总书记强调:"我们的目标很宏伟,也很朴素,归根到底就是让老百姓过上更好的日子。"前进道路上,要坚持人民主体地位,充分尊重人民所表达的意愿、所创造的经验、所拥有的权利、所发挥的作用,让现代化建设成果/更多/更公平惠及全体人民,更好激发全体人民的积极性/主动性/创造性,把强国建设、民族复兴伟业/不断推向前进。

(《新闻联播》2024年3月11日播出)

分析与提示：这是一则口播社论。新闻评论稿件包括社论、评论员文章、编者按、编后话等，都是电视新闻节目中口播新闻的主要内容。

这则新闻的两个段落分别是导语部分和主体部分。要特别注重评论性稿件播音的语气态度，同时还要有理有节、铿锵有力、收放自如、得体大方。

思考和练习

1. 新闻消息的结构有哪些主要类型？各有什么特点？
2. 试分析新闻消息稿件特点与广播电视有声语言传播特点之间的关系。
3. 电视新闻消息有哪些划分方法？分别有哪些种类？
4. 电视新闻消息的有声语言表达大致可分为几种？分别有何特点？
5. 从练习材料中选取并编排一组新闻节目，尝试运用不同表达方式进行播报。

第三节 补充练习材料

一、国内时政要闻

1. 十四届全国人大二次会议在京开幕

第十四届全国人民代表大会第二次会议5日上午在北京人民大会堂开幕。近3000名全国人大代表肩负人民重托出席大会，履行宪法和法律赋予的神圣职责。

人民大会堂大礼堂气氛隆重热烈，主席台帷幕正中的国徽在鲜艳的红旗映衬下熠熠生辉。

大会主席团常务主席、执行主席赵乐际主持大会。大会主席团常务主席、执行主席李鸿忠、王东明、肖捷、郑建邦、丁仲礼、郝明金、蔡达峰、何维、武维华、铁凝、彭清华、张庆伟、洛桑江村、雪克来提·扎克尔、刘奇在主席台执行主席席就座。

习近平、李强、王沪宁、蔡奇、丁薛祥、李希、韩正和大会主席团成员在主席台就座。

十四届全国人大二次会议应出席代表2956人。5日上午的会议，出席2872

人,缺席 84 人,出席人数符合法定人数。

上午 9 时,赵乐际宣布:中华人民共和国第十四届全国人民代表大会第二次会议开幕。会场全体起立,高唱国歌。

根据会议议程,国务院总理李强代表国务院向大会作政府工作报告。报告共分三个部分:一、2023 年工作回顾;二、2024 年经济社会发展总体要求和政策取向;三、2024 年政府工作任务。

李强在报告中指出,过去一年,是全面贯彻党的二十大精神的开局之年,是本届政府依法履职的第一年。面对异常复杂的国际环境和艰巨繁重的改革发展稳定任务,以习近平同志为核心的党中央团结带领全国各族人民,顶住外部压力、克服内部困难,付出艰辛努力,新冠疫情防控实现平稳转段、取得重大决定性胜利,全年经济社会发展主要目标任务圆满完成,高质量发展扎实推进,社会大局保持稳定,全面建设社会主义现代化国家迈出坚实步伐。

李强在报告中指出,一年来,我们深入学习贯彻党的二十大和二十届二中全会精神,按照党中央决策部署,主要做了以下工作:一是加大宏观调控力度,推动经济运行持续好转;二是依靠创新引领产业升级,增强城乡区域发展新动能;三是深化改革扩大开放,持续改善营商环境;四是强化生态环境保护治理,加快发展方式绿色转型;五是着力抓好民生保障,推进社会事业发展;六是全面加强政府建设,大力提升治理效能。

李强在报告中指出,在肯定成绩的同时,我们也清醒看到面临的困难和挑战。我们一定直面问题和挑战,尽心竭力做好工作,决不辜负人民期待和重托。

李强在报告中指出,今年是中华人民共和国成立 75 周年,是实现"十四五"规划目标任务的关键一年。今年发展主要预期目标是:国内生产总值增长 5% 左右;城镇新增就业 1200 万人以上,城镇调查失业率 5.5% 左右;居民消费价格涨幅 3% 左右;居民收入增长和经济增长同步;国际收支保持基本平衡;粮食产量 1.3 万亿斤以上;单位国内生产总值能耗降低 2.5% 左右,生态环境质量持续改善。

李强在报告中指出,我们要坚持稳中求进、以进促稳、先立后破。完成今年发展目标任务,必须深入贯彻习近平经济思想,集中精力推动高质量发展。要以更大的决心和力度深化改革开放,促进有效市场和有为政府更好结合,持续激发和增强社会活力,推动高质量发展取得新的更大成效。

李强在报告中提出,党中央对今年工作作出了全面部署,我们要深入贯彻落实,紧紧抓住主要矛盾,着力突破瓶颈制约,扎实做好各项工作:大力推进现代化产业体系建设,加快发展新质生产力;深入实施科教兴国战略,强化高质量发展的基础支撑;着力扩大国内需求,推动经济实现良性循环;坚定不移深化改革,增强发展内生动力;扩大高水平对外开放,促进互利共赢;更好统筹发展和安全,有效防范化解重点领域风险;坚持不懈抓好"三农"工作,扎实推进乡村全面振兴;推动城乡融合和区域协调发展,大力优化经济布局;加强生态文明建设,推进绿色低碳发展;切实保障和改善民生,加强和创新社会治理。

报告中,李强还就加强政府自身建设,民族、宗教和侨务工作,国防和军队建设,香港、澳门发展和两岸关系,以及我国外交政策等作了阐述。

根据会议议程,大会审查国务院关于2023年国民经济和社会发展计划执行情况与2024年国民经济和社会发展计划草案的报告及2024年国民经济和社会发展计划草案、国务院关于2023年中央和地方预算执行情况与2024年中央和地方预算草案的报告及2024年中央和地方预算草案。

受全国人大常委会委托,全国人大常委会副委员长李鸿忠作关于国务院组织法修订草案的说明。

关于国务院组织法修订草案的说明指出,国务院组织法是关于国务院组织制度和工作制度的基本法律,对于保障国务院依宪依法履行职责发挥了重要作用。党的十八大以来,以习近平同志为核心的党中央大力推进党和国家机构改革进程,党和国家机构职能实现系统性、整体性重构,构建系统完备、科学规范、运行高效的党和国家机构职能体系不断取得新进展新成效。为了适应新形势新任务新要求,有必要在认真总结实践经验基础上修改国务院组织法,将坚持以习近平新时代中国特色社会主义思想为指导、坚持党的全面领导等重要内容载入国务院组织法,将深化党和国家机构改革的精神和成果通过法律规定予以体现。修改国务院组织法是新时代国务院坚持党的全面领导、全面加强政府自身建设的必然要求,是国务院坚持以人民为中心、坚持全心全意为人民服务根本宗旨的制度保障,是新时代全面贯彻实施宪法、全面建设法治政府的重要方面,是深化党和国家机构改革、推进国家治理体系和治理能力现代化的有力举措。国务院组织法修订草案共20条,主要修改内容包括:增加国务院性质地位的规定,明确国务院工作的指导思想,完善国务院职权的表述,完善国务院组成人员相关规定,完善国务院机构及其职权相关规定,健全国务院会议制度,增加国务院依法全面正确履行职能的制度措施。

在主席台就座的还有:马兴瑞、王毅、尹力、石泰峰、刘国中、李干杰、李书磊、何卫东、何立峰、张又侠、张国清、陈文清、陈吉宁、陈敏尔、袁家军、黄坤明、刘金国、王小洪等。

香港特别行政区行政长官李家超、澳门特别行政区行政长官贺一诚列席会议并在主席台就座。

出席全国政协十四届二次会议的政协委员列席大会。

中央和国家机关有关部门、解放军有关单位和武警部队、各人民团体有关负责人列席或旁听了大会。

外国驻华使节旁听了大会。

(《新闻联播》2024 年 3 月 5 日播出)

2. 十四届全国人大二次会议在京闭幕

第十四届全国人民代表大会第二次会议在圆满完成各项议程后,11 号下午在北京人民大会堂闭幕。大会批准政府工作报告、全国人大常委会工作报告等。大会通过新修订的国务院组织法,国家主席习近平签署第 21 号主席令予以公布。

下午 3 时,闭幕会开始。

闭幕会由大会主席团常务主席、执行主席赵乐际主持。大会主席团常务主席、执行主席李鸿忠、王东明、肖捷、郑建邦、丁仲礼、郝明金、蔡达峰、何维、武维华、铁凝、彭清华、张庆伟、洛桑江村、雪克来提·扎克尔、刘奇在主席台执行主席席就座。

习近平、李强、王沪宁、蔡奇、丁薛祥、李希、韩正和大会主席团成员在主席台就座。

会议应出席代表 2956 人,出席 2900 人,缺席 56 人,出席人数符合法定人数。

赵乐际宣布会议开始。

会议经表决,通过了十四届全国人大二次会议关于政府工作报告的决议。决议指出,会议充分肯定国务院过去一年的工作,同意报告提出的 2024 年经济社会发展的总体要求、政策取向和工作任务,决定批准这个报告。

会议经表决,通过了新修订的国务院组织法。这部法律自公布之日起施行。

会议表决通过了十四届全国人大二次会议关于 2023 年国民经济和社会发展

计划执行情况与2024年国民经济和社会发展计划的决议,决定批准关于2023年国民经济和社会发展计划执行情况与2024年国民经济和社会发展计划草案的报告,批准2024年国民经济和社会发展计划;表决通过了十四届全国人大二次会议关于2023年中央和地方预算执行情况与2024年中央和地方预算的决议,决定批准关于2023年中央和地方预算执行情况与2024年中央和地方预算草案的报告,批准2024年中央预算。

会议表决通过了十四届全国人大二次会议关于全国人大常委会工作报告的决议。决议指出,会议充分肯定全国人大常委会过去一年的工作,同意报告提出的今后一年的任务,决定批准这个报告。

会议经表决,通过了十四届全国人大二次会议关于最高人民法院工作报告的决议、关于最高人民检察院工作报告的决议,决定批准这两个报告。

随后,赵乐际发表讲话。他说,十四届全国人大二次会议圆满完成了各项议程。在全体代表和有关方面的共同努力下,会议开得很成功,凝聚了共识、明确了任务、坚定了信心,是一次高举旗帜、真抓实干、团结奋进的大会。

赵乐际指出,大会期间,代表们肩负党和人民重托,以饱满的政治热情和昂扬的精神状态依法履职尽责,认真审议各项报告和议案,会议成果充分体现了党的主张和人民意志的统一,彰显了全过程人民民主和国家根本政治制度的显著优势。

赵乐际说,今年是中华人民共和国成立75周年,是实现"十四五"规划目标任务的关键一年。认真落实大会确定的各项任务,努力实现全年经济社会发展目标,具有十分重要的意义。我们要在以习近平同志为核心的党中央坚强领导下,坚持以习近平新时代中国特色社会主义思想为指导,同心同德,凝心聚力,团结奋斗,坚定不移推进中国式现代化。要践行以人民为中心的发展思想,发展全过程人民民主,充分尊重人民所表达的意愿、所创造的经验、所拥有的权利、所发挥的作用,激发全社会创业创新创造的热情和活力,汇聚起团结奋斗的强大力量。要求真务实、真抓实干、攻坚克难、善作善成,努力克服一个一个困难,办好一件一件实事,完成一项一项任务,在团结奋斗中不断实现人民对美好生活的向往。

赵乐际最后说,团结奋斗是中国人民创造历史伟业的必由之路。让我们更加紧密地团结在以习近平同志为核心的党中央周围,万众一心,拼搏奋进,为以中国式现代化全面推进强国建设、民族复兴伟业而不懈奋斗。

在主席台就座的还有：马兴瑞、王毅、尹力、石泰峰、刘国中、李干杰、李书磊、何卫东、何立峰、张又侠、张国清、陈文清、陈吉宁、陈敏尔、袁家军、黄坤明、刘金国、王小洪等。

中央和国家机关有关部门、解放军有关单位和武警部队、各人民团体有关负责人列席或旁听了大会。

外国驻华使节旁听了大会。

下午3时31分，赵乐际宣布：中华人民共和国第十四届全国人民代表大会第二次会议闭幕。大会在雄壮的国歌声中结束。

(《新闻联播》2024年3月11日播出)

3. 全国政协十四届二次会议闭幕

中国人民政治协商会议第十四届全国委员会第二次会议圆满完成各项议程，10日上午在人民大会堂闭幕。会议号召，人民政协各参加单位、各级组织和广大政协委员，要更加紧密地团结在以习近平同志为核心的中共中央周围，同心同德、群策群力，不断开创新时代人民政协工作新局面。

上午9时，闭幕会开始。

会议由全国政协主席王沪宁主持。全国政协副主席石泰峰、胡春华、沈跃跃、王勇、周强、帕巴拉·格列朗杰、何厚铧、梁振英、巴特尔、苏辉、邵鸿、高云龙、陈武、穆虹、咸辉、王东峰、姜信治、蒋作君、何报翔、王光谦、秦博勇、朱永新、杨震在主席台前排就座。

习近平、李强、赵乐际、蔡奇、丁薛祥、李希、韩正等在主席台就座。

王沪宁宣布，中国人民政治协商会议第十四届全国委员会第二次会议应出席委员2162人，实到2085人，符合规定人数。

会议通过了政协第十四届全国委员会第二次会议关于常务委员会工作报告的决议、政协第十四届全国委员会第二次会议关于政协十四届一次会议以来提案工作情况报告的决议、政协第十四届全国委员会提案委员会关于政协十四届二次会议提案审查情况的报告、政协第十四届全国委员会第二次会议政治决议。

王沪宁在讲话中说，全国政协十四届二次会议是一次高举旗帜、真抓实干、团结奋进的大会，汇聚了正能量、提振了精气神。中共中央总书记、国家主席、中央军委主席习近平等党和国家领导同志出席大会开幕会和闭幕会,看望委员并参加联组讨论,同委员们共商国是。全体委员认真学习习近平总书记参加民革、科技界、环境资源界委员联组会等的重要讲话精神,深入讨论政府工作报告和其他报告,认真审议政协常委会工作报告和提案工作情况报告等文件,积极建言资政,广泛凝聚共识,取得丰硕议政成果。全体委员高度评价过去一年以习近平同志为核心的中共中央团结带领全党全国各族人民顽强拼搏、勇毅前行,圆满实现经济社会发展主要预期目标,引领"中国号"巨轮劈波斩浪、奋勇前进。全体委员更加深刻地领悟到"两个确立"对我们应对各种风险挑战、推进党和国家事业发展具有决定性意义。

王沪宁表示,今年是中华人民共和国成立75周年,也是人民政协成立75周年。75年来,在中国共产党领导下,人民政协积极投身建立新中国、建设新中国、探索改革路、实现中国梦的伟大实践,走过了辉煌历程。人民政协要坚持以习近平新时代中国特色社会主义思想为指导,学深悟透习近平总书记关于加强和改进人民政协工作的重要思想,坚持稳中求进工作总基调,坚持党的领导、统一战线、协商民主有机结合,坚持团结和民主两大主题,发扬优良传统,牢记政治责任,提高政治协商、民主监督、参政议政水平,始终在党和国家工作大局下谋划和开展工作,紧紧围绕推进中国式现代化履行职能、凝心聚力。要提高政治站位,把坚持中国共产党的全面领导落实到政协工作中、体现在实际行动上,团结引导参加人民政协的各党派团体、各族各界人士坚定不移听党话、跟党走。要聚焦重点任务,以高质量建言助推中国式现代化。要坚持大团结大联合,为推进中国式现代化广泛凝心聚力。

王沪宁最后说,初心如磐,使命如炬,我们要更加紧密地团结在以习近平同志为核心的中共中央周围,把实干、责任、担当书写在推进中国式现代化新征程上,为全面建设社会主义现代化国家、全面推进中华民族伟大复兴而团结奋斗。

出席闭幕会的领导同志还有:马兴瑞、王毅、尹力、刘国中、李干杰、李书磊、李鸿忠、何卫东、何立峰、张又侠、张国清、陈文清、陈吉宁、陈敏尔、袁家军、黄坤明、刘金国、王小洪等。

中共中央、全国人大常委会、国务院有关部门负责同志列席闭幕会。外国驻华使节、海外华侨等应邀参加闭幕会。

大会在雄壮的国歌声中闭幕。

(《新闻联播》2024年3月10日播出)

4. 习近平同苏里南总统会谈

欢迎仪式后，习近平主席同单多吉总统举行会谈。习近平指出，中苏友谊源远流长、历久弥坚。苏里南是第一批同新中国建交、同中国建立战略伙伴关系以及同中国签署共建"一带一路"合作规划的加勒比国家之一。两国始终相互尊重、平等相待，成为南南合作的典范。中方愿同苏方一道努力，进一步巩固政治互信，加强经贸合作，扩大人文交流，密切国际协作，推动构建更加紧密的中苏战略合作伙伴关系，更好造福两国人民。

习近平强调，中方高度赞赏苏方始终坚定对华友好，在涉及中国核心利益和重大关切问题上坚定支持中方。中方也坚定支持苏方维护国家主权独立、自主选择符合本国国情的发展道路。中方愿同苏方继续相互理解、相互支持，保持高层交往，密切各部门、立法机构、政党间友好交往，加强治国理政经验交流。中方欢迎更多苏里南优质特色产品进入中国市场，愿同苏方深化共建"一带一路"合作，加强发展战略对接，拓展贸易、投资、农业、能源、矿业、基础设施建设、数字经济等领域合作，给两国人民带来更多实实在在的福祉。苏里南是加勒比地区华侨华人最多的国家之一，也是西半球首个把中国春节作为法定假日的国家。双方要继续鼓励人文交流，便利人员往来，共同建设好孔子学院。加强地方合作，不断丰富两国交流合作内涵。中方愿同苏里南等发展中国家一道，加强多边协调和团结合作，维护共同利益，实现共同发展，推动构建人类命运共同体。中方重视发展同加勒比国家关系，支持加勒比国家谋求繁荣发展、增进民众福祉，愿继续为地区国家经济社会发展提供力所能及的帮助。

单多吉表示，苏中友好交往历史悠久。苏里南华人群体为苏国家建设作出了重要贡献。苏中建交48年来，苏方始终坚定恪守一个中国原则，将继续坚定不移支持中国实现国家统一。中国为苏里南抗击新冠疫情和经济社会发展提供宝贵帮助，两国农业、卫生、基础设施等领域合作取得丰硕成果，这些都体现了两国的高度政治互信和深厚兄弟情谊，极大助力了苏里南经济发展和民生改善，树立了南南合作的典范。习近平主席提出共建"一带一路"和全球发展倡议等重要全球倡议，倡导平等有序的世界多极化和普惠包容的经济全球化，对维护多边主义、促进世界和平与可持续发展意义重大，苏方予以支持，愿同中方加强协作，共同推动构建人类命运共同体。期待以此访为契机,进一步加强两国政党交流,拓展经贸投资、绿色发展、应对气候变化等领域合作,进一步深化苏中战略合作伙伴关系。苏方愿为推动加勒比国家同中国关系发展作出积极努力。

(《新闻联播》2024 年 4 月 12 日播出)

5. 李强会见美国财政部长

国务院总理李强 7 号在京会见美国财政部长耶伦。

李强表示,在两国元首战略指引下,中美关系出现企稳态势。希望美方同中方更多相向而行,落实好两国元首重要共识,让"旧金山愿景"成为"实景"。中美加强经贸合作对双方各自发展和全球经济增长都具有重要意义。双方要加强沟通,坚持公平竞争、开放合作的市场经济基本准则,不把经贸问题泛政治化、泛安全化。要以市场眼光和全球视野,从经济规律出发,客观、辩证看待产能问题。中国的新能源产业发展,将对全球绿色低碳转型作出重要贡献。

耶伦表示,美方赞赏美中经济对话合作取得的进展,不寻求同中方"脱钩",愿同中方一道落实两国元首旧金山会晤达成的重要共识,推动美中关系稳定发展。

(《新闻联播》2024 年 4 月 7 日播出)

6. 习近平与越共中央总书记互致新春贺信

本台消息,2 月 2 号,在中越两国人民共庆的甲辰春节到来之际,中共中央总书记、国家主席习近平与越共中央总书记阮富仲互致新春贺信。

习近平在贺信中代表中国党、政府、人民,向阮富仲和越南党、政府、人民致以诚挚的新春祝贺和美好祝愿。

习近平表示,2023 年是中越关系史上具有划时代意义的一年。双方高层往来频繁热络,政治互信愈加巩固,发展战略加速对接,全面合作势能强劲,人文交流有声有色,传统友谊历久弥坚。在两国纪念建立全面战略合作伙伴关系 15 周年的友好氛围中,我如约到访越南,实现新时代以来同总书记同志的第三轮互访。我同总书记同志共同宣布构建具有战略意义的中越命运共同体,开启了两党两国关系发展新征程、新篇章,彰显中越团结合作、砥砺前行的坚定意志和决心。

习近平指出，岁序更替，华章日新。展望2024年，我愿同阮富仲总书记同志保持密切联系，引领双方锚定双边关系新定位，齐心协力、笃行实干，推动各渠道、各层级、各领域交流合作高水平运行、高质量发展，以一项项生动实践、一个个务实成果，推动中越命运共同体落地生根、开花结果，为两国现代化事业增添新动力，为亚太地区繁荣发展提供正能量，为人类和平与进步事业作出更大贡献。

阮富仲在贺信中表示，自2022年10月我在中共二十大闭幕后对中国进行正式访问以来，越中关系呈现积极发展势头，取得重要进展。2023年12月，习近平总书记同志成功对越南进行国事访问，体现了中国党、国家和习近平总书记同志对越南社会主义建设事业和越中关系的高度重视。访问期间，双方秉持"越中情谊深、同志加兄弟"精神全面深入交流，发表《关于进一步深化和提升全面战略合作伙伴关系、构建具有战略意义的越中命运共同体的联合声明》，签署数十项具有重要历史意义的合作文件。这些丰硕成果为两党两国关系步入更加健康、务实、富有成效的新发展阶段，保持长期稳定向好势头奠定了坚实基础、提供了战略指引。

阮富仲表示，我始终重视并愿同习近平总书记同志保持交流接触，继续关心指导双方各部门、各层级、各地方贯彻落实好习近平总书记同志访越期间双方高层达成的重要共识和协议。这有利于两党两国关系发展，符合两国人民利益，将为本地区和世界和平、稳定、合作、发展作出贡献。祝中国共产党不断发展壮大，祝中华人民共和国繁荣昌盛，祝兄弟的中国人民新年幸福平安！

（《新闻联播》2024年2月2日播出）

7. 习近平向印尼当选总统普拉博沃致贺电

本台消息，3月20号，国家主席习近平致电普拉博沃·苏比延多，祝贺他当选印度尼西亚共和国总统。

习近平指出，中国和印度尼西亚是传统友好邻邦。在双方共同努力下，两国关系发展进入快车道，政治互信日益巩固，发展战略对接不断深化，互利合作成果丰硕，双方开启了共建中印尼命运共同体的新篇章。我高度重视中印尼关系发展，期待同普拉博沃当选总统共同努力，引领两国命运共同体建设取得更大成果，打造发展中大国命运与共、团结协作、共谋发展的典范，为两国人民带来更多福祉，为地区和全球繁荣稳定注入强劲动力。

(《新闻联播》2024年3月21日播出)

8. 中美两国领导人互致贺信庆祝两国建交45周年

本台消息,1月1号,国家主席习近平与美国总统拜登互致贺信,祝贺两国建交45周年。

习近平在贺信中指出,中美建立外交关系是两国关系史和国际关系史上的大事件。45年来,中美关系历经风雨,总体向前发展,不仅增进了两国人民的福祉,也促进了世界的和平、稳定和繁荣。历史已经并将继续充分证明,坚持相互尊重、和平共处、合作共赢,是中美两个大国的正确相处之道,理应成为新时期中美双方的共同努力方向。

习近平指出,我同拜登总统在旧金山会晤,开辟了面向未来的"旧金山愿景",为中美关系发展指明了方向。双方要认真落实两国元首达成的重要共识和成果,以实际行动推动中美关系稳定、健康、可持续发展。

习近平强调,我愿同拜登总统共同努力,继续为中美关系把舵领航,造福中美两国和两国人民,促进世界和平与发展事业。

拜登在贺信中表示,1979年建交以来,美中之间的联系促进了美国、中国和全世界的繁荣和机遇。我致力于负责任地管理这一重要关系。我期待在我们的前任们以及我们多次会晤和讨论取得进展的基础上,继续推进美中关系。

(《新闻联播》2024年1月1日播出)

9. 李强签署国务院令 公布《国务院关于修改和废止部分行政法规的决定》

本台消息,国务院总理李强日前签署国务院令,公布《国务院关于修改和废止部分行政法规的决定》,自2024年5月1日起施行。

为贯彻落实党的二十大和二十届二中全会精神,落实党和国家机构改革精神,完整、准确、全面贯彻新发展理念,加快构建新发展格局,着力推动高质量发展,国务院对涉及的行政法规进行了清理,决定对教学成果奖励条例、计算机信息网络国际联网管理暂行规定、不动产登记暂行条例、人类遗传资源管理条例、外国企业常驻代表机构登记管理条例、标准化法实施条例、企业信息公示暂行条例、货物进出口管理条例等8部行政法规的部分条款予以修改，对煤炭送货办法等13部行政法规予以废止。

（《新闻联播》2024年3月15日播出）

二、国际时政要闻

1. 普京当选连任俄罗斯总统

俄罗斯中央选举委员会今天表示，俄总统选举已完成99.59%的选票统计，结果显示，普京以87.33%的得票率，当选连任俄罗斯总统。俄中央选举委员会称将于21号正式宣布此次选举结果。

普京今天在竞选总部发表讲话，他表示本次选举结果体现了选民的信任和期望；俄罗斯将会进一步向前发展，变得更坚实、更强大、更高效。他表示将在新的任期继续推动国家发展。其中，特别军事行动问题和加强俄罗斯联邦的国防能力是其新任期的主要任务之一。

在谈到俄中关系时，普京说，俄中两国在经济、外交等领域有诸多契合点。就亚欧地区发展而言，俄中关系是一个重要稳定因素，中方提出的共建"一带一路"倡议非常重要。普京说，俄中关系将继续深化发展，取得新成就，并造福两国人民。

（《新闻联播》2024年3月18日播出）

2. 美国国家运输安全委员会：波音公司未能提供关键信息 阻碍调查

1月5日，美国一架波音737 MAX 9型客机内嵌式应急门脱落，美国国家运输安全委员会称，该客机出厂时对固定门塞起关键作用的螺栓并未安装。13号，美国国家运输安全委员会主席致信美国参议院商务委员会称，波音公司无法提供调查所需的关键录像和文件，为事故调查增加了难度。

美国国家运输安全委员会主席珍妮弗·霍门迪13号致信美国参议院商务委员会称，他们至今仍然不知道故障客机上舱门的开启、关闭和安装工作是谁负责的,委员会一直要求波音公司提供该飞机起飞前的维修监控录像,但波音公司称录像已被覆盖。霍门迪还表示,波音公司称他们无法找到事故客机检修工作人员的记录,而没有这些记录将使调查复杂化。

在本月早些时候举行的听证会上,霍门迪表示,该委员会的调查人员1月9号便要求波音提供公司内部负责门塞固定工作的25名工作人员名单,但波音公司迟迟未交出所需文件,负责相关事务的经理以健康为由拒绝配合。波音公司随后补交的部分调查材料中,依旧未提及负责门塞固定工作的具体人员。

波音公司13日发布声明称,他们将继续以透明、积极的方式配合美国国家运输安全委员会的调查。

(《中国新闻》2024年3月14日播出)

3. 日本民企火箭首试运送卫星上天失败

日本商业航天公司太空一号13号说,该公司的凯洛斯火箭一号当天上午发射后爆炸,这可能是火箭第一级发生某种故障,火箭启动了自毁功能。

当地时间13号11时01分,搭载一颗小型卫星的凯洛斯火箭一号从和歌山县的G1太空发射场发射,但火箭升空数秒后在空中爆炸解体。太空一号公司13号下午召开新闻发布会表示,可能是火箭第一级发生了某种故障,火箭启动了自毁功能,目前究竟是哪个部位出现故障还不清楚。太空一号公司将通过分析火箭传回的数据等调查原因,包括自毁功能错误启动的可能性。本次发射是日本民间企业首次尝试用自己研制的火箭运送卫星上天。

该火箭采用四级串联构型,由三级固体极段和一级液体极段组成,全长约18米,直径约1.35米,重约23吨。2019年,总部位于北海道的一家日本民间企业发射一枚探空火箭,并成功到达距地球100多公里的高度。这是日本民企研制的火箭首次成功发射,但当时火箭并没有搭载有效载荷。

(《今日环球》2024年3月14日播出)

4. 韩国实习和住院医生"辞职潮" 韩国政府向离岗医生发出吊销执照事前通知

韩国实习和住院医生"辞职潮"事件仍在持续发酵,根据韩国媒体报道,截至本月8号,韩国保健福祉部已经向4944名离岗的实习和住院医师发送了吊销医师执照的事前通知,并正在向其余罢工医生逐一发送该通知。

福祉部表示,对行政处分程序结束之前返岗的医生,将予以从宽处理。11号,韩国首尔大学医学院教授协会紧急对策委员会举行会议,紧急对策委员会在会后表示,如果政府不能拿出合理的解决方案,首尔大学医学院全体教授将同意提交辞呈。

今年2月,韩国政府发布医学生扩招计划,遭到医生团体和医学院学生强烈反对,引发实习和住院医生"辞职潮"。自2月19号起,韩国已有超1万名医生辞职,多家医院人手短缺,运转困难。

(《新闻直播间》2024年3月12日播出)

5. 为达北约军费标准 丹麦再增军费

丹麦政府13号公布一项追加国防支出的计划:今后五年再增防务预算405亿丹麦克朗,约合450亿元人民币,以满足北约对成员国所设军费支出标准,即军费占GDP至少2%。丹麦首相梅特·弗雷泽里克森说,新增预算将用于增强丹麦的军事实力并向乌克兰提供军事支持。去年,丹麦军费支出占GDP1.4%,此前计划到2030年实现"永久性达标"。

随着"冷战"结束,丹麦和不少欧洲国家一样,逐步缩减军力和军备建设规模。美国政府近年来一直施压欧洲盟友提高军费支出。2022年乌克兰危机升级后,丹麦对增加军费的态度发生了转变。

(《新闻直播间》2024年3月14日播出)

6. 苏丹多地冲突持续 斋月停火未实现

当地时间11号至12号凌晨,苏丹武装冲突双方苏丹武装部队与快速支援部队在苏丹多地的冲突仍在持续,联合国安理会敦促苏丹冲突方斋月停火的决议未得到落实。

在首都喀土穆及其附近的北喀土穆、恩图曼三市组成的首都圈,冲突双方11号在多个街区相互炮击,战斗一直持续到12号凌晨。

另据苏丹媒体达尔富尔广播电台11号报道,红十字国际委员会驻苏丹代表处官员当天表示,该组织愿尽一切努力,协助苏丹冲突双方释放和移交被扣押人员。在过去一年,该组织作为中立调解人,已协助苏丹冲突双方释放了13批被扣押人员,共计565人。

2023年4月,苏丹武装部队与快速支援部队在首都喀土穆爆发武装冲突,随后蔓延至其他地区,并且持续至今。

(《新闻直播间》2024年3月12日播出)

7. 以军称空袭加沙地带多个哈马斯军事据点

以色列国防军13号发布战报称,以军对加沙地带中部多个哈马斯军事据点展开大范围空袭。同一天,俄罗斯卫星通讯社援引加沙地带卫生部门消息报道,巴以新一轮大规模冲突爆发以来,以色列对加沙地带的袭击已造成31,272人死亡,超过7.3万人受伤

根据以色列国防军13号发布最新战报,过去24小时中,以军对哈马斯位于加沙地带中部城市戴尔拜拉克的多个军事据点进行了大范围空袭,其中多个军事设施被以军摧毁,包括隧道、竖井以及反坦克导弹发射场等。此外,以军还继续在加沙南部城市汉尤尼斯的哈马德、阿巴桑、卡拉拉地区加强军事行动。加沙地带卫生部门表示,过去一天,以军在加沙地带的行动造成88名平民丧生。以色列时报13号报道,以色列总理内塔尼亚胡当天在耶路撒冷会见了荷兰首相吕特。内塔尼亚胡表示,以军在拉法的军事行动对实现以色列的战争目标很关键。内塔尼亚胡还反对单方面承认巴勒斯坦。他表示,这将被哈马斯视作是胜利。

此外,内塔尼亚胡称,在加沙的联合国近东巴勒斯坦难民救济和工程处将被取代。另据法新社报道,联合国近东救济工程处在拉法的一个仓库13号遭袭,造成数十人受伤,目前尚不清楚有多少工作人员受到影响。据了解,该仓库是近东救济工程处向加沙南部流离失所的民众分发食物和其他救生物品的设施。同一天,巴勒斯坦加沙地带卫生部门说,仓库遭袭导致至少5人死亡。目前,以色列国防军暂未对事件作出回应。

(《今日环球》2024年3月14日播出)

8. 日内瓦 民间组织合作促进人权保护和可持续发展主题边会召开 中外专家呼吁团结合作推动高质量发展

在联合国人权理事会第55届大会举行之际,名为民间组织合作促进人权保护和可持续发展主题边会12号在日内瓦召开。此次边会由中国国际交流协会、爱德基金会、中国乡村发展基金会发起,旨在加强人权领域的民间合作,凝聚共识,为推进全球可持续发展和人权保护事业贡献民间智慧和力量。

与会的中外专家认为,发展是人类社会的永恒主题,只有实现可持续发展,才能更好促进和保护人权。人权是可持续发展的核心,只有切实尊重和保障人权,才能更好推进可持续发展。在当前国际安全形势严峻、世界经济复苏困难、全球发展赤字加重的背景下,国际社会应加强团结合作,重振全球可持续发展伙伴关系,加快落实联合国2030年可持续发展议程,推动实现高质量发展。中方学者指出,应坚持以人民为中心的发展思想,在发展中保障和改善民生,保护和促进人权,不断增强民众的幸福感、获得感、安全感,实现人的全面发展。

(《朝闻天下》2024年3月14日播出)

三、国内国际新闻简讯

1. 国内新闻简讯

南方强降雨范围收缩 明起华南雨势再加强

中央气象台预计,今明两天,华南、江南等地的强降雨范围较前期有所缩小,但广东、广西、福建等地部分地区仍有大到暴雨、局地大暴雨。24号夜间起,华南地区的雨势将再度加强,广东大部地区将有暴雨,部分地区累计雨量或突破250毫米。今年珠江流域北江第2号洪水正全线回落。

海关总署出台17项高级认证企业便利措施

海关总署近日发布了新一批高级认证企业便利措施,包括降低检验检疫监管频次、降低企业进出口成本等17项措施,进一步助力企业降本增效、激发市场主体活力。高级认证企业是海关认证的高资信企业。

公安部部署开展"猎狐2024"专项行动

近日,公安部部署全国公安机关开展缉捕在逃境外经济犯罪嫌疑人"猎狐2024"专项行动。2014年以来,公安部连续十年组织全国公安机关开展"猎狐行动",共从120多个国家和地区抓获在逃经济犯罪嫌疑人9000余名,追赃挽损近490亿元人民币。

九项中国工程入选全球隧道50大标志性工程

今天,国际隧道与地下空间协会发布全球隧道和地下空间行业50大标志性项目。深中通道沉管隧道、港珠澳沉管隧道以及衡广复线大瑶山隧道等9项中国工程入选,是全球入选项目最多的国家。

全国胰岛素接续采购　中选价格稳中有降

记者从国家医保局获悉,全国胰岛素接续采购今天产生中选结果。本次接续采购共13家企业53个产品参与,其中49个产品中选,中选价格在首轮集采降价基础上又降低了3.8个百分点。中选结果将于5月份在全国落地实施,与上一轮集采平稳有序衔接,让患者持续受益。

2024年全国文化和旅游消费促进活动启动

2024年全国文化和旅游消费促进活动启动仪式暨全国"五一"文化和旅游消费周主场活动今天在珠海举办。各地将以"文旅惠民乐民 共享美好生活"为主题,围绕传统节日、法定假日和暑期等旅游旺季,推出特色文旅活动、新型消费场景和消费惠民措施,拉动文旅消费热情。

国航新开及复航4条国际航线

4月28号起,国航将陆续新开北京—利雅得、北京—达卡航线,复航北京—马德里—圣保罗,北京—马德里—哈瓦那航线。届时,国内航空公司航线网络将重新覆盖至全球六大洲。

《全民阅读大会·2023年度中国好书》今晚播出

《全民阅读大会·2023年度中国好书》今晚7点半将在中央广播电视总台央视科教频道播出。节目将揭晓年度"主题出版类""人文社科类""文学艺术类"等类别上榜好书,并通过多种形式对"中国好书"获奖图书进行盘点和分享。

(《新闻联播》2024年4月23日播出)

2. 国际新闻简讯

俄称击落乌无人机 乌称敖德萨港口遭袭

俄罗斯国防部19号称,俄军过去一周对乌克兰能源和军工设施、外国雇佣兵临时部署点等目标发动了30多次集群打击。俄罗斯斯摩棱斯克州州长今天表示,当天凌晨,俄方击落一架企图袭击俄燃料能源综合体设施的乌克兰无人机,掉落的碎片造成设施部分损坏。

乌克兰军方称,乌军打击了俄军指挥所、人员和装备阵地等。此外,乌克兰敖德萨地区官员19号表示,敖德萨港口设施当天遭俄军导弹袭击。

拉美多国登革热疫情持续蔓延

巴西卫生部19号公布的数据显示,巴西登革热确诊及疑似病例已超350万例;死亡人数1544人,是去年死亡人数的1倍多,达新高。阿根廷登革热确诊病例超26万例,死亡197人,均达新高。秘鲁、巴拉圭、乌拉圭等国的登革热病例数也在持续上升。据泛美卫生组织统计,截至目前,2024年,拉美和加勒比地区已有21个国家和地区出现登革热疫情。登革热是由登革病毒引发的急性传染病,主要通过蚊媒传播,典型症状包括持续发热、头痛、肌肉痛等,严重时可致死。

加拿大一城镇因火灾蔓延进入紧急状态

加拿大纽芬兰与拉布拉多省城镇古斯贝北部19号发生严重火灾,火势失控,当地进入紧急状态。据加拿大媒体报道,火灾蔓延至有爆炸物的区域,当地已发生数起爆炸。目前,火灾已波及至少5条街道,多栋建筑起火。相关区域居民被要求撤离。目前没有人员伤亡报告。

国际奥委会发布《奥林匹克AI议程》

国际奥委会19号在伦敦发布《奥林匹克AI议程》,展望人工智能可能对体育带来的影响,并提出国际奥委会引领全球体育领域开展人工智能计划的框架。国际奥委会主席巴赫表示,人工智能可以在为运动员提供个性化训练方法、提升比赛公平性、提高体育赛事安全保障和组织效率等方面提供帮助。

(《新闻联播》2024年4月20日播出)

四、地方新闻

1. 繁花似锦 北京全力打造花园城市

近年来,北京市全力打造花园城市,生态底色不断夯实,满城春花让市民乐享自然之美。

眼下,北京春花盛开,元大都城垣遗址公园里28种共5000多株海棠沿河两岸竞相盛开,与溪流相映成趣,吸引大批市民游客踏青赏花。

这个春天,北京从城区到郊野,迎春、山桃、樱花、海棠、丁香等陆续绽放。在居庸关,漫山遍野的山桃花、山杏花,粉白相间,与长城同框,美如画卷。在国家植物园,各色桃花和郁金香花海共同组成了春花长廊,移步换景,一路皆是春色。在城市核心区三里河,水穿街巷,林水相依,沿河两岸丁香、玉兰、海棠,花开烂漫,暗香浮动。

北京市持续大力推进首都园林绿化建设,森林覆盖率由2012年的38.6%提高到目前的44.9%。如今,北京已有各类公园1065个,成为名副其实的"千园之城"。

今年,北京还将新建15处休闲公园和城市森林、50处口袋公园及小微绿地等,织密绿色空间。未来还将打造全域绿道系统2000公里以上,串联中心城区、平原新城和山区,循山成线、依水成网,让市民尽享开门见绿、抬脚可入的京华绿道服务。

(《新闻联播》2024年4月11日播出)

2.【推动高质量发展系列主题新闻发布会】海南:加快建设具有世界影响力的自贸港

国务院新闻办公室今天举行推动高质量发展系列主题新闻发布会,海南省有关负责人介绍了相关情况。

2023年,海南多项经济社会指标增速处在全国前列,其中GDP增长9.2%,体现自贸港经济形态的货物贸易、服务贸易分别增长15.3%、29.6%。货物进口额约占进出口总额的三分之二,对外直接投资增长104.9%,让世界分享了海南和中国发展机遇。

今年,海南将统筹封关运作准备和经济社会发展,推出一批更具全局性和影响力的制度集成创新成果。同时,大力发展旅游业、现代服务业、高新技术产业和热带特色高效农业四大主导产业。前瞻布局南繁种业、深海科技、商业航天"三大未来产业",打造新质生产力的重要实践地。

今年,海南还将加快绿色低碳转型,滚动实施热带雨林国家公园、清洁能源岛和清洁能源汽车推广等标志性工程,在全国先行一步、多作贡献。此外,还将加大民生投入,把自贸港政策红利释放带来的经营主体激增和投资项目建设转化为更多高质量就业机会,提高群众在自贸港建设中的获得感。

(《新闻联播》2024年4月11日播出)

3.【推动高质量发展系列主题新闻发布会】天津:奋力谱写中国式现代化新篇章

国务院新闻办公室今天举行推动高质量发展系列主题新闻发布会,天津市有关负责人介绍了相关情况。

2023年,天津市地区生产总值增长4.3%,一般公共预算收入增长9.8%,市场经营主体增长7.9%。其中,新登记民营经济主体30多万户,增长13.3%;单位GDP能耗比2020年下降10%以上;居民人均可支配收入增长4.7%;现在全社会研发投入强度达到3.49%,排名全国第三。

今年,天津将持续拓展京津冀三地合作,深化公共服务"软联通"的举措,强化教育、医疗、社保、养老等领域合作。

今年,天津将在主导产业、传统产业、新兴产业和未来产业四方面加力,推动制造业高端化、智能化、绿色化发展。加快发展"公、铁、海、空"多式联运,全力推动港产城融合发展。此外,在天津自贸试验区,将开展数据跨境流动制度创新探索,率先实施企业数据分类分级标准规范,全面落实准入前国民待遇加负面清单管理制度。锚定全面建设社会主义现代化大都市目标,奋力进取,不断展现天津的新作为。

(《新闻联播》2024年4月3日播出)

4. 福建龙岩:不断增强老区发展新动能

福建省龙岩市瞄准新材料新能源等产业,加大招商力度,加快完善产业链,增强老区发展新动能。

老区要振兴，产业是关键。近年来，龙岩市抓住新能源汽车及半导体产业发展机遇，布局锂电池、半导体等新材料产业。

在上杭县新材料科创谷，年产5万吨磷酸铁锂正极材料项目一期生产线顺利投产，二期正加紧推进。在这个项目带动下，当地积极招商上下游相关产业，一个锂电池产业集群正在形成。

培育形成产业集群，龙岩实施"链长"+"链主"的招商模式，由作为"链长"的行业主管部门牵头，引进龙头企业成为"链主"，不断扩展上下游企业。按这一模式，龙岩建立了包括有色金属、锂电池新材料、新能源等11张产业链图谱。

与此同时，龙岩市还利用与粤港澳大湾区共建产业合作试验区、和广州市对口合作的机会，实施"湾企穗商龙岩行"行动。截至目前，共引进来自粤港澳大湾区的新能源产业项目13个，总投资79.7亿元。

(《新闻联播》2024年3月2日播出)

5. 浙江衢州："四链融合"推动产业发展

浙江省衢州市持续推动创新链、产业链、资金链、人才链深度融合，促进产业高质量发展。

新春伊始，衢州这家新材料企业的二期厂房正加紧建设。得益于当地在资金、人才引进等方面的支持，企业初创仅两年，研发就迈上新台阶，产值破亿元。

让企业专心发展，2023年，衢州市先后建成浙大衢州研究院等创新平台15个，成立博士创新站188家，实现创新平台对智能装备、新材料等六大产业链的全覆盖，为300余家企业解决相关技术难题500余项。

同时，衢州积极打造多样化的资金链服务体系，解决企业的资金需求，并成立企业综合服务中心，深入梳理解决产业链发展相关问题，进一步促进创新链、产业链、资金链、人才链深度融合。

今年以来，衢州市已完成亿元以上项目签约79个，总投资超924亿元，产业高质量发展不断提速。

(《新闻联播》2024年2月20日播出)

6. 天津培育壮大创新链 赋能产业升级

天津聚焦重点领域,持续打造覆盖"基础研究、技术攻关、成果转化"全过程的创新生态链,赋能产业创新与升级,助力经济高质量发展。

在南开大学,由中国科学院院士陈军带领的研究团队正在对一款新型钠有机电池开展联合技术攻关,参与攻关的不仅有南开大学的科研人员,还有中科院应用化学研究所、中电科十八所等机构和高校,涉及物理、化学、材料、能源等多学科、多领域。

以国家战略需求和产业发展需要为导向,天津市今年继续整合高校、科研院所资源,组建实验室创新发展联盟。同时,由科技领军企业牵头,和科研机构、高校院所组成创新联合体,打通科技成果转化通道。在天津一家生物医药企业,创新联合体对一款新药进行分析研讨。

目前,天津已组建20个涉及集成电路、人工智能、生物医药等领域的创新联合体,加快科技成果向现实生产力转化。今年,天津将再组建10个创新联合体,全年预计技术合同成交额突破2000亿元。

(《新闻联播》2024年1月14日播出)

五、财经新闻

1. 前两个月国民经济持续回升向好

国务院新闻办今天举行新闻发布会,国家统计局发布数据显示,1—2月份,随着各项宏观政策发力显效,国民经济持续回升向好。

1—2月份,全国规模以上工业增加值同比增长7.0%,比上年12月份加快0.2个百分点;服务业保持较好增势,全国服务业生产指数同比增长5.8%。住宿和餐饮业、交通运输仓储和邮政业保持较快增长,人流、物流等要素流动更加活跃,今年前两个月,营业性客运量增长27.4%,服务零售额增长12.3%,为消费需求扩大提供了有力支撑。在服务消费需求的带动下,服务业景气度连续两个月回升,业务活动预期指数持续处于较高景气区间。

从供给看,工业中超过九成的行业、超过六成的产品同比实现了增长。消费品制造业和高技术制造业增速较快。

从需求看,市场销售继续恢复,升级类商品消费潜力释放。1—2月,社会消费品零售总额81,307亿元,同比增长5.5%;限额以上通讯器材类、体育娱乐用品类商品销售额均保持两位数增长。

从投资看,1—2月份,全国完成固定资产投资50,847亿元,同比增长4.2%,增速比2023年全年加快1.2个百分点。其中,前两个月制造业投资增长9.4%,加快2.9个百分点,高技术产业投资和制造业技术改造投资同比分别增长9.4%和15.1%,保持较快增速。制造业、住宿和餐饮业、交通运输业的民间投资都实现了两位数增长。随着加强民间投资项目融资支持和要素保障政策落实落地,以及重点领域投资力度加大,重大项目加快建设,投资有望继续保持平稳增长。

(《新闻联播》2024年3月18日播出)

2. 消费品以旧换新换出市场新机遇

随着消费升级和生活水平提高,不少人选择家电家具以旧换新,日益完善的政策体系不仅让资源得以循环再利用,也激活了新的消费潜力。

最近,家住上海的周辉想把家里不常用的消毒柜更换成洗碗机。在手机上下单预约好时间没多久,家电销售人员就上门服务了。旧家电拆走的同时安装调试好新家电,这让周辉觉得很是方便。

今年以来,国家加快"换新+回收"物流体系和新模式发展。在北京海淀,居民可以把大件废旧家具投放到社区附近专门设置的中转站,之后由政府集中运送到分拣中心,进行后续处理和循环利用。各大电商平台的数据显示,今年以来,涉及床垫、沙发、智能马桶等家居以旧换新服务热度明显上涨,成为新的消费亮点。

以旧换新政策也给资源循环利用产业带来发展新机遇。在山东青岛这家家电再循环互联工厂,刚刚投产的两条智能冰箱拆解生产线正在满负荷运转。企业负责人告诉记者,工厂通过废旧家电回收拆解每年可回收的钢铁超过2万吨,能用来再制造约100万台小型家电压缩机。

截至目前,我国冰箱、洗衣机、空调等家电保有量已超过30亿台。每年有1亿至1.2亿台废旧家电被淘汰。2023年,全国废旧家电回收总量达450万吨,而据研究测算,每回收1吨废旧家电,拆解出的再生资源能够减少二氧化碳等温室气体排放约4.7吨。随着国家今年新一轮以旧换新政策的启动，推动汽车、家电等产品的更新换代，预计将释放万亿元规模的市场空间。随着家电家具等耐用消费品制造循环利用产供销、上下游协同联动、综合施策，将有更多消费者和全社会从中受益。

（《新闻联播》2024年3月16日播出）

3. 长三角区域前两个月外贸进出口总值创历史新高

今年前两个月，长三角区域货物贸易进出口两位数增长，外贸实现"开门红"。

海关统计数据显示，今年前两个月，长三角区域外贸进出口总值2.47万亿元，规模创历史新高，同比增长10.5%，占全国进出口总值的比重提升至37.3%。

"两位数"增长背后，是产业升级、优势产品的有力支撑。前两个月，长三角区域机电产品出口保持强劲增长，江苏增长12.8%，浙江增长21.5%，安徽增长24%。三省一市高新技术产品进出口同比增长7.5%。出口商品正向价值链上游攀升。

前两个月，长三角区域民营企业进出口1.33万亿元，同比增长18.8%。长三角区域对共建"一带一路"国家进出口1.11万亿元，同比增长13.1%；对RCEP其他成员国进出口7282亿元，同比增长2.8%，分别占全国的35.5%、37.5%。

（《新闻联播》2024年3月17日播出）

4. 乡村消费市场释放新活力

今年以来，我国乡村消费市场潜力不断释放，乡村旅游蓬勃发展。

今年前两个月，各地乡镇商贸中心"上新"速度越来越快。在河北新乐承安铺乡，村民们告诉记者，以往一些新款的小家电、服饰要到县城才能买得着，如今在离家不远的乡镇商贸中心就能买到。

紧跟乡村消费新需求，主题乐园、零售贩卖等城市服务产业要素加速下沉，成为乡村消费新选择。同时，农村现代物流配送体系加快建设，有效拉动乡村消费。

国家统计局数据显示，前两个月，乡村消费品零售额达到10,870亿元，同比增长5.8%，增速高于城镇0.3个百分点。

在乡村消费市场潜力不断释放的同时，随着农村基础设施不断完善，也有越来越多的城里人到乡村感受田园风光、品味乡韵乡愁。

中国旅游研究院发布的最新数据显示,前两个月,全国监测的300多家乡村旅游示范点接待游客同比增长27.6%,乡村旅游收入同比增加48.7%。

(《新闻联播》2024年3月19日播出)

5. 多措并举推动国民经济持续回升向好

在今天国务院新闻办举行的新闻发布会上,国家发展改革委有关负责人表示,到今年2月,已经分三批下达完毕1万亿元增发国债项目清单,增发国债资金全部落实到1.5万个具体项目。国家发展改革委将推动项目在今年上半年全部开工,特别是督促部分灾后重建项目在今年汛期前建成投用。

财政部有关负责人表示,1—2月,全国一般公共预算收入4.46万亿元,按可比口径实际增长2.5%左右,保持恢复性增长。财政支出靠前发力,1—2月,全国一般公共预算支出同比增长6.7%,完成全年预算的15.3%,支出进度为近五年同期最快。

中国人民银行有关负责人表示,今年以来信贷结构持续优化,2月末,普惠小微贷款同比增长23.1%,制造业中长期贷款和高技术制造业中长期贷款同比增速都超过25%。此外,我国货币政策有充足的政策空间和丰富的工具储备,法定存款准备金率仍有下降空间。

(《新闻联播》2024年3月21日播出)

6. 制造业采购经理指数重回扩张区间 非制造业扩张加快

中国物流与采购联合会、国家统计局服务业调查中心今天公布3月份中国采购经理指数。制造业采购经理指数重回扩张区间,景气水平明显提升,非制造业继续加快扩张。

50.8%!在连续5个月运行在50%以下后,3月份,中国制造业采购经理指数较上月上升1.7个百分点,重回扩张区间。在调查的21个行业中,有15个位于扩张区间,比上月增加10个,制造业景气面明显扩大。

3月份,随着企业加快复工复产,市场活跃度提升,制造业新动能领域增长较快。高技术制造业、装备制造业采购经理指数分别为53.9％、51.6％,较上月分别上升3.1和2.1个百分点。

从企业类型来看,不同规模企业的生产经营状况均有所改善,大、中、小型企业采购经理指数均位于扩张区间,尤其是小型企业近12个月内首次升至扩张区间。

随着稳经济、扩内需、稳外贸政策稳定发力,反映市场需求的两项指数均有较大幅度回升,尤其是新出口订单指数在连续11个月运行在50％以下后,重回扩张区间。

另外,从非制造业来看,3月份非制造业商务活动指数为53％,非制造业景气水平持续回升。从行业看,与企业生产密切相关的批发、铁路运输、货币金融服务等服务行业经营活动较为活跃,业务总量增长较快。

(《新闻联播》2024年3月31日播出)

六、文化娱乐新闻

1. 2023年度全国十大考古新发现结果揭晓

今天上午,国家文物局揭晓"2023年度全国十大考古新发现"。

十大考古发现中有七项是史前和文明早期项目,包括距今10万至1万年的山东沂水跋山遗址群,距今7000年前后的福建平潭壳丘头遗址群、安徽郎溪磨盘山遗址,距今5000到3000年前后的湖北荆门屈家岭遗址、河南永城王庄遗址、郑州商都书院街墓地、陕西清涧寨沟遗址,众多聚落的重大考古发现勾勒出各地区初期的文明形态。

另外三个项目自秦代至元明时期,包括甘肃礼县四角坪遗址,山西霍州陈村瓷窑址,南海西北陆坡一号、二号沉船遗址。

(《新闻联播》2024年3月22日播出)

2.《平"语"近人——习近平喜欢的典故》(第三季)今晚播出第十二集

《平"语"近人——习近平喜欢的典故》(第三季)今晚在总台央视综合频道8点档播出第十二集《长风破浪会有时》。本集围绕"以中国式现代化全面推进中华民族伟大复兴"这一主题展开。选取了习近平总书记引用和化用的"天行健,君子以自强不息""靡不有初,鲜克有终""初心易得,始终难守"等华章佳句,从什么是以中国式现代化全面推进中华民族伟大复兴、为什么要以中国式现代化全面推进中华民族伟大复兴和怎样以中国式现代化全面推进中华民族伟大复兴三个层面,对总书记的思想进行生动阐释和解读。

(《新闻联播》2024年2月29日播出)

3. 一批重大史学研究成果在京发布

我国一批重大史学研究成果日前在京发布。其中,新编中国通史纂修工程取得阶段性重要成果,该工程被列入我国"十四五"规划"社会主义文化繁荣发展工程"。

本次发布的我国重大史学研究成果共包括12部著作。其中,《(新编)中国通史纲要》是新编中国通史纂修工程的阶段性重要成果。新编中国通史纂修工程广泛运用新时代历史学、考古学等领域的新理论、新史料、新方法,探索5000多年中华文明的历史发展规律,打造一部具有中国特色、中国风格、中国气派的新时代通史著作。这是我国时隔20多年再次编撰中国通史,由全国400多位史学研究者共同参与,从文明起源一直写到新时代党的二十大召开,加入了新中国成立之后的当代历史。

此外,首部《敦煌通史》等多个国家社科基金重大专项的成果为中华民族共同体和多元一体格局的形成和发展梳理出清晰的历史脉络。

(《新闻联播》2024年1月9日播出)

4. "铸牢中华民族共同体意识文物古籍展"在北京展出

由国家民委主办的"铸牢中华民族共同体意识文物古籍展"正在北京民族文化宫展出。见证各民族交往交流交融历史的唐朝文成公主带到吐蕃的琴与长鼓,汉文、满文、蒙古文等3种文字版本的《孟子》等,以及展现中国共产党成立至今一脉相承的中华民族大团结深邃思想和丰富实践的一系列珍贵文物和资料。展览上1500余件古籍和文物从政治、经济、社会、文化等多个维度展示中华文明孕育、产生和发展的过程,生动再现5000多年来各民族交往交流交融的史实,为观众铺展开一幅中华民族共同体形成发展的历史长卷。

展览自去年8月1日开展以来,已累计接待观众10万多人次。

(《新闻联播》2024年1月3日播出)

5. 多彩活动喜迎元宵佳节

元宵佳节在即,人们用丰富多彩的活动闹元宵、度佳节。

欢天喜地闹元宵。在北京怀柔区杨树底下村,村民们在广场上支起80口大铁锅,和游客一起感受非物质文化遗产"敛巧饭"习俗。在浙江安吉,舞青狮、鳌鱼灯等传统民俗表演赢得观众阵阵掌声。新疆昆玉的麦西来普,甘肃陇南的踩高跷、社火展演各具特色。在安徽泾县、湖南益阳、广西防城港等地,市民们走进公园广场,猜灯谜、做花灯。

流光溢彩,夜空璀璨。吉林长春冰雪新天地里新雕的60余组冰灯,让人目不暇接。黑龙江伊春的林区特色花灯街景,色彩斑斓。在辽宁大连,市民游客在海边放下船形海灯,表达美好祝福。江苏盐城的元宵灯会上,歌舞欢腾,人潮如涌。福建仙游的枫亭元宵游灯习俗有近千年的历史,当地群众自发设计制作的花灯、彩车吸引了许多游客前来观看。

品汤圆、元宵,过团圆幸福年。在江西南昌的幸福食堂、河南漯河的老年公寓,大家齐聚一堂,包汤圆、唠家常,在欢声笑语中喜迎佳节。在上海豫园老字号汤圆店门口,一大早就排起了长队,不少人都赶在元宵节来吃上一碗热腾腾的汤圆。

坚守战位的官兵们也准备了别具特色的活动迎接元宵佳节,兵味十足的花灯、舞龙、舞狮……传统民俗文化与军营文化相碰撞,更显青春活力。

(《新闻联播》2024年2月23日播出)

6. 音乐剧《三星堆》北京首演

11月16号晚上,音乐剧《三星堆》在北京天桥艺术中心大剧场开演。观众在剧场可以沉浸式感受古蜀的璀璨风采。

音乐剧《三星堆》通过古蜀与现代两个不同时空交错的故事,展现了中国人对文明孜孜不倦地探寻与传承。音乐剧的舞美场景震撼,观众不仅可以看到三星堆代表性文物的复刻版,还能够近距离沉浸式感受考古现场。

从 11 月 16 号至 19 号,音乐剧《三星堆》将连续在北京天桥艺术中心上演,之后还将继续在厦门、宁波、上海等地进行巡演。

(《24 小时》2023 年 11 月 17 日播出)

7. 总台《2024 年春节联欢晚会》进行第三次彩排

中央广播电视总台《2024 年春节联欢晚会》目前正在进行第三次彩排。今年春晚注重从中华优秀传统文化元素中汲取创作灵感和创新动力。其中,创意年俗节目展现出多样中华饮食文化,寄寓龙年五谷丰登;"八段锦"创新演绎,为广大受众送上美好祝愿;彩排中,一首首歌曲唱出新春美意和情感共鸣;灵动婀娜的舞蹈节目蕴含年年有余、好运连连之意。导演组将精研细磨各类节目创编,倾力打造一道欢乐吉祥、喜气洋洋的"文化年夜饭"。

(《新闻联播》2024 年 1 月 28 日播出)

8. 金庸百年诞辰 致敬时光里的"侠之大者"

昨天是著名作家金庸的百年诞辰,众多媒体和广大网友都致敬怀念这位传奇的武侠小说作家,细数记忆中经典的金庸小说和与之相关的影视作品。在大荧幕上,从金庸小说改编而来的《笑傲江湖》《东邪西毒》《鹿鼎记》等作品,成为一代人的光影记忆。许多网友还表示十分期待金庸小说改编而成的新作品,例如徐克导演的《射雕英雄传:侠之大者》和系列剧《金庸武侠世界》等。

大侠隐世但经典长存,直到今天,在年轻人中,金庸小说依然有独特的影响力。影视创作者可以挖掘这个不老的宝藏,同时也需要用创新和诚意来回应每一位读者和观众的情怀。

(《中国电影报道》2024 年 3 月 11 日播出)

9. 话剧《杜甫》再登人艺舞台

10 月 17 日至 11 月 2 日,由郭启宏编剧,冯远征导演,冯远征、杨明鑫、孙骁潇、孙星、张培、刘智扬、梁丹妮等主演的北京人民艺术剧院历史大戏《杜甫》再次登上首都剧场的舞台。

该剧创作于2019年,以其古典唯美的审美意境、诗画的叙事风格和深厚的文化内涵,为观众展现了杜甫高洁的品格和伟大的精神。其中既有普通人都会面对的内心困顿,更有忧国忧民的家国情怀和乐观豁达的人生态度,不仅让观众感受到伟大诗人的可敬,也让一位鲜活生动的杜甫走进每个人的心中。

作为近年来新创排的精品力作,今年该剧在迎来第四轮演出的同时,也入选了"大戏看北京2023展演季"及"庆祝中国戏剧奖·梅花表演奖创办40周年"活动。观众将跟随该剧一起,走进一代诗圣的诗之江湖,感受中国传统文化恒久的魅力。

(《中国文艺报道》2023年10月21日播出)

10. 戛纳电影节公布入围名单 华语片重磅回归

11号,第77届法国戛纳电影节公布官方评选影片名单。今年有多部华语影片入围不同单元。

中国导演贾樟柯的新作《风流一代》入围本届电影节主竞赛单元,管虎执导的《狗阵》入围"一种关注"单元。中国香港导演郑保瑞的《九龙城寨之围城》入围"午夜展映"单元,由陈可辛导演的《酱园弄》入围非竞赛单元。

(《中国新闻》2024年4月12日播出)

七、教育科技新闻

1. 普通高校新增24种本科专业

教育部今天发布2024年普通高等学校本科专业目录,共增设24种国家战略和区域发展急需的本科新专业,包括大功率半导体科学与工程、智能海洋装备、生态修复学等,将在54所高校进行布点,2024年起即可进行高考招生。目前,本科目录内专业达到816种。

此次本科专业增设、撤销、调整共涉及专业布点3389个。其中,新增布点1673个、撤销布点1670个,数量基本持平。

(《新闻联播》2024年3月19日播出)

2. 教育部启动义务教育阳光招生专项行动

记者今天从教育部获悉,将启动2024年义务教育阳光招生专项行动,全面排查人民群众反映强烈的突出问题,坚决整治"暗箱操作""掐尖招生"等现象。重点治理七类长期隐蔽存在的违规招生操作,包括以不当依据招生、违规收费、违规招揽生源、通过测试面试招生、公民混招、分班掐尖、民办学校违规招生、乱收费等。

今年,教育部将成立专项工作组,开展调查督导,加强对各地招生入学工作全过程监管,并在全国范围展开跨省交叉互检工作。各地要畅通政策咨询、举报申诉等渠道,对违规招生行为发现一起查处一起,严肃追究有关责任人的责任。

(《新闻联播》2024年4月11日播出)

3. 我国将进一步完善儿童医疗卫生服务体系

记者今天从国家卫生健康委获悉,我国将进一步完善儿童医疗卫生服务体系,更好满足日益增长的多样化儿童医疗卫生服务需求。

截至目前,我国已设置2个国家儿童医学中心和5个国家儿童区域医疗中心,67个儿童相关专业获批国家临床重点专科,建立了国家儿童实体肿瘤诊疗协作网。

国家卫生健康委下一步将指导每个省份建好1所高水平省级儿童医院或综合医院儿科病区,继续支持妇幼保健机构和基层医疗卫生机构创造条件提供儿科医疗服务,各地要建立儿童重大疾病急诊绿色通道并提供一体化服务。国家卫生健康委还将会同医保部门完善儿童医疗保障待遇和支付政策。

(《新闻联播》2024年3月19日播出)

4. 大科学装置建设稳步推进 成果持续涌现

我国大科学装置建设稳步推进,科研成果持续涌现,创新支撑发展能力不断增强。

今天,位于广东东莞的中国散裂中子源二期工程建设启动。二期工程将在目前已建成的中国散裂中子源一期装置基础上建设11台中子谱仪和实验终端。

今年以来,我国大科学装置建设稳步推进。在粤港澳大湾区,围绕信息、材料、海洋、能源等重点学科领域,目前已布局先进阿秒激光设施、强流重离子加速器、冷泉生态系统研究装置等多个大科学装置。"神农设施"在湖北武汉立项启动,建成后将成为我国农业领域的首个大科学装置;在上海张江科学城,硬X射线自由电子激光装置进入设施建设阶段,上海同步辐射光源二期工程也将在今年迎来国家验收,全球规模最大、种类最全、综合能力最强的光子大科学设施群已现雏形。

利用建成运行的大科学装置,一批重大创新成果持续涌现。近日,高海拔宇宙线观测站在国际上首次认证了能量高于1亿亿电子伏特的宇宙线的起源天体;中国超重元素研究加速器创造了国际同类装置运行束流参数的最高纪录,为合成元素周期表第八周期新元素提供了关键条件;凭借超高灵敏度,中国天眼FAST目前监测到的脉冲星数量已超890颗,是自其运行起至今、国外同类型望远镜监测数量总和的3倍以上。

截至2023年底,我国已经布局建设77个国家重大科技基础设施,其中35个已建成运行,部分设施迈入全球第一方阵。

(《新闻联播》2024年3月30日播出)

5. 鹊桥二号中继星成功发射

今天上午8时31分,探月工程四期鹊桥二号中继星由长征八号遥三运载火箭在中国文昌航天发射场成功发射升空。鹊桥二号中继星作为探月四期后续工程的"关键一环",将架起地月新"鹊桥"。

飞行24分钟后,星箭分离,将鹊桥二号中继星直接送入近地点高度200公里、远地点高度42万公里的预定地月转移轨道,中继星太阳翼和中继通信天线相继正常展开,发射任务取得圆满成功。

接下来,鹊桥二号将在地面测控支持下,经过中途修正、近月制动,进入捕获轨道,最后进入24小时周期的环月使命轨道,成为继鹊桥中继星之后世界第二颗在地球轨道以外的专用中继星,为嫦娥六号月球采样任务提供支持。

由于月球始终有一面背对地球,着陆在月球背面的探测器受到月球自身的遮挡,无法直接实现与地球的测控通信和数据传输。而探月工程四期的任务开展着陆探测以及采样地点,主要位于月球南极和月球背面地区,因此需要功能更广、性能更强的中继星,架设起月球对地新的"中继通信站"。

按计划,嫦娥六号将于2024年上半年择机发射,嫦娥七号和嫦娥八号将构建月球科研站基本型,开展月球环境探测等任务。

(《新闻联播》2024年3月20日播出)

6. 科技助力新疆畜牧业高质量发展

畜牧业是新疆的传统支柱产业。近年来,新疆大力发展智慧牧业、数字牧业,加快推动畜牧业高质量发展。

眼下,新疆700余万头牲畜正在转场。在巴州巴音布鲁克哈尔哈特沟,牧民才仁家的牛羊和马匹开始踏上前往春季牧场的转场之路。今年转场,才仁家刚产下的小羊和怀孕的母羊都穿上了新制的"羊衣",这些"羊衣"由高密度聚乙烯材料制作而成,能使羊的体表温度比环境温度升高3—5摄氏度。

近年来,新疆不断加大畜牧业的科技投入,推动科技创新,今年,芯片技术和大数据平台等也在转场中推广使用。在和静县乌兰布鲁克村,牧民尼满家的小羊全都戴上了橘黄色的小耳标。这个看似普通的小耳标就是一个芯片,扫描耳标上的二维码就可以知道羊的出生信息、防疫情况等,同时,羊群转场过程中的具体信息也能及时传送到农业部门的大数据平台上。

推动科技创新,加快高质量发展。2023年,新疆全区羊产业产值约440亿元,较上年增加10%。此外,伊犁马、新疆褐牛特色产业集群总产值均超百亿元。

(《新闻联播》2024年3月17日播出)

八、体育新闻

1. 第十九届亚洲运动会在杭州隆重开幕 习近平出席开幕式并宣布本届亚运会开幕

潮涌钱江喜迎盛会,携手同行共创未来。第十九届亚洲运动会23日晚在浙江省杭州市隆重开幕。国家主席习近平出席开幕式并宣布本届亚运会开幕。

蔡奇、丁薛祥以及来自亚洲各地的领导人和贵宾等出席开幕式。

夜幕下,坐落在钱塘江畔的杭州奥体中心体育场华灯璀璨,流光溢彩。这座形如一朵大莲花的建筑,见证着亚运圣火第三次在中国点燃。

开幕式开始前,来自浙江各地的群众带来富于地方特色的文艺表演,将现场气氛烘托得十分热烈。

19时58分,在《和平——命运共同体》的乐曲声中,习近平和夫人彭丽媛,同亚奥理事会代理主席辛格、国际奥委会主席巴赫等步入主席台,向观众挥手致意。全场响起长时间的热烈掌声。

9月23日,恰逢中国农历二十四节气中的"秋分"。20时整,迎宾表演《水润秋辉》在19座"水玉琮"敲击出的激昂鼓声中开始。随着场地中央的倒计时数字,全场观众齐声呼喊。地屏上,玉琮、玉鸟、神徽等印记与古城遗址一一浮现,从碧绿到灿金,展现春耕秋收的自然轨迹,尽显良渚文明之光、金色丰收之美。

场地中呈现出大好河山的壮阔景象,一条红绸铺展开来,伴着《我爱你中国》的深情旋律,8名仪仗兵迈着坚定的步伐,护卫着中华人民共和国国旗走进现场。全场起立,高唱中华人民共和国国歌。五星红旗冉冉升起,迎风飘扬。

20时09分,运动员入场式开始。踏着轻快的乐曲《我们的亚细亚》,来自45个国家和地区的体育代表团相继入场,受到全场观众的热情欢迎。《歌唱祖国》的激昂旋律响起,东道主中国代表团最后入场,习近平起身挥手致意,全场一片欢腾,掌声欢呼声此起彼伏。中国代表团共1329人,其中参赛运动员886人,将参加本届亚运会38个大项、407个小项的角逐。

杭州亚运会组委会主席、浙江省省长王浩在致辞中代表组委会和6500万浙江人民向来自亚洲各个国家和地区的运动健儿表示最热烈的欢迎,祝愿他们创造佳绩、成就梦想、增进友谊、收获幸福,让美妙的杭州亚运之旅终生难忘。

杭州亚运会组委会主席、中国奥委会主席高志丹致辞时表示,在习近平主席和中国政府的亲切关怀与坚强领导下,一届精彩纷呈的亚运盛会即将拉开帷幕。让我们弘扬奥林匹克精神,奋力创造亚洲体育新纪录,合力绘就亚洲命运共同体的崭新画卷。

亚奥理事会代理主席辛格在致辞中向中国政府、中国奥委会、浙江省政府、杭州市政府、亚组委和杭州市民以及所有参与筹备工作的人员致以最诚挚的敬意,称赞杭州亚运会筹办工作精彩绝伦,相信参与杭州亚运会的每一个人都会收获一段终生难忘的美好记忆。

21时16分,开幕式迎来激动人心的一刻。国家主席习近平宣布:杭州第十九届亚洲运动会开幕!顿时,全场沸腾,"数字焰火"绚烂绽放,全场掌声欢呼声经久不息。

8名我国优秀运动员、教练员代表手执亚奥理事会会旗入场。伴着亚奥理事会会歌,亚奥理事会会旗徐徐升起,同五星红旗一道高高飘扬。

运动员郑思维和孙颖莎、裁判员杨中民和高佳琦分别代表全体参赛运动员和裁判员宣誓。

灯光渐暗,大屏幕上,名为《相约杭州》的短片吸引了全场目光:杭州亚运会会徽穿越时光,在不同年代人们之间传递,向世界发出热情邀约。

文艺表演《潮起亚细亚》拉开帷幕,表演分为上中下三部分。上篇《国风雅韵》中,国风少年以地为画、踏墨而舞,宋韵女子亭亭玉立、翩然灵动,游船往来、灯影点点,全景立体影像构筑的拱宸桥跃然于大运河之上,展现钱塘繁华和江南风韵的隽永景象。中篇《钱塘潮涌》中,飞旋于空中的演员与潮共舞,"弄潮儿"乘着风帆汇入潮流,吉祥物"江南忆"破水而出、腾跃跳动,激发起活力澎湃的运动浪潮。下篇《携手同行》中,"白鹭精灵"遨游星海之中,随着悠扬的歌声和清丽的越剧唱腔,数百名大学生手持发光金桂点亮绵延悠长的"金桂之江",亚洲各个国家和地区的地标性建筑共同呈现,构成各美其美、美美与共的亚洲画卷。精彩纷呈的表演,深深打动了现场观众。

21时53分,主火炬点燃仪式开始。采集自良渚古城遗址的亚运圣火,自9月8日起在浙江各地传递,最终抵达杭州奥体中心体育场。

体育场内,叶诗文、樊振东、徐梦桃、石智勇、李玲蔚、汪顺等6名火炬手接力奔跑,赢得全场热烈掌声。与此同时,现场大屏幕上,由超过1亿人参与数字火炬传递而汇聚成的"数字火炬手",高擎火炬奔赴而来。"钱江潮涌"主火炬塔缓缓打开。万众瞩目中,最后一棒火炬手汪顺与"数字火炬手"一道点燃"钱江潮涌"主火炬塔,亚运圣火熊熊燃烧。

"我们同拥有一个家,心相融、爱相加""亿万个骄傲的声音,汇聚成一句话,你和我同住亚细亚"……全场共同演唱杭州亚运会主题歌《同爱同在》,整座体育场化作欢乐的海洋。

出席开幕式的国际贵宾有:柬埔寨国王西哈莫尼、叙利亚总统巴沙尔和夫人阿斯玛、科威特王储米沙勒、尼泊尔总理普拉昌达、东帝汶总理夏纳纳、韩国总理韩德洙、马来西亚下议院议长佐哈里和夫人诺莱妮,以及文莱苏丹代表苏弗里亲王、卡塔尔埃米尔代表焦安亲王、约旦亲王费萨尔、泰国公主希里婉瓦丽等王室代表。

王毅、李干杰、何立峰、王小洪、谌贻琴出席开幕式。

香港特别行政区行政长官李家超、澳门特别行政区行政长官贺一诚,中国国民党前主席洪秀柱出席开幕式。

亚奥理事会官员等出席开幕式。

(《新闻联播》2023年9月24日播出)

2.【新思想引领新征程】冬奥点燃冰雪运动激情

习近平总书记指出,体育是社会发展和人类进步的重要标志,是综合国力和社会文明程度的重要体现。中国冰雪运动基础原本较为薄弱,通过举办北京冬奥会正在补齐体育强国建设的短板,夯实全民健身的根基。

北京冬奥会点燃了中国人冰雪运动的激情。在北京,冬奥比赛直接被搬到了滑雪场,人们可以一边滑雪一边关注中国健儿的精彩表现。在上海,冰场搭建在了东方明珠塔下,人们可以一边欣赏城市风光,一边在冰场上翩翩起舞。在广州,室内滑雪场里,青少年滑雪冬令营不间断地开展。而在新疆阿勒泰,这个今年冬天最火爆的冰雪旅游胜地,滑雪爱好者们在广袤的大自然中尽享着大山和野雪的乐趣。

不同于夏季项目,冬季运动受到自然条件、场地设施以及参与成本等条件的制约较大,在全球范围内的普及度还不算高。北京申办冬奥会之前,我国还有一半的冬奥会项目没有开展,群众基础相对薄弱。

习近平总书记指出,我们申办北京冬奥会一个重要目的就是推动我国冰雪运动快速进步,推动全民健身广泛开展。近年来,国家大力实施冰雪运动南展西扩东进战略,统筹冰雪场地设施建设,让冰雪运动的参与人群从小众走向全民,参与空间从地区走向全国,参与时间从冬季变为全年。数据显示,随着一批室内滑冰场、滑雪场的运营,使得南部此前不具备冰雪运动条件的省份成为实现三亿人参与冰雪运动的重要增量。

少年强、青年强则中国强。习近平总书记始终关心亿万学生体质健康,帮助学生在体育锻炼中享受乐趣、增强体质、健全人格、锤炼意志。这同样也是申办北京冬奥会的一个主旨。在山东青岛,这群平均年龄只有10岁的孩子正在训练。目前,青岛西海岸新区26所学校都开设了冰雪运动课程,每年有30万人次参与到冰雪运动中来。在全国范围内,18岁以下青少年群体参与冰雪运动的人数已经达到4600万。教育部已经认定冰雪特色学校2062所,到2025年将达到5000所。

没有全民健康就没有全面小康。习近平总书记指出,全民健身是全体人民增强体魄、健康生活的基础和保障,人民身体健康是全面建成小康社会的重要内涵。以往在冬季开展较少的健身活动如今随着三亿人参与冰雪运动伟大愿景的成功实现,冰雪运动已经成为人们在冬季户外健身的主要方式。从应运而生的愿景到深入人心的理念,席卷全国的健身热潮正记录着中国人的健康生活方式和昂扬的精神风貌。

(《新闻联播》2022年2月17日播出)

3.【杭州第十九届亚运会】中国首获亚运男子马拉松金牌

杭州亚运会今天进入开幕后的第12个比赛日,共产生36枚金牌。田径比赛今天全部结束,在最后的男女马拉松比赛中,中国选手何杰以2小时13分02秒的成绩夺得男子马拉松冠军,这是中国队亚运史上首枚男子马拉松金牌。龙舟比赛上午在温州赛区继续进行,在男子500米决赛中,中国队以0.013秒的微弱优势战胜印尼队,获得冠军。随后进行的女子500米决赛,中国队以2分21秒360的成绩再夺一枚金牌。

攀岩赛场昨天产生两枚金牌,在男、女两场速度接力的决赛中,中国队均战胜了印尼队,首次获得攀岩项目的亚运金牌。

(《新闻联播》2023年10月5日播出)

4. 中国选手勇夺世锦赛跳远金牌 实现田赛项目新突破

北京时间今天上午,在美国俄勒冈州尤金市进行的2022年世界田径锦标赛中,中国男选手王嘉男以8米36的成绩夺得男子跳远冠军。这是本届世锦赛中国队的首枚金牌,也是中国男选手在世锦赛上的首枚田赛金牌。

共有12名选手进入到男子跳远决赛中,中国选手王嘉男预赛排名第九。前五跳过后,王嘉男以8米03的成绩排在第五位,离奖牌还有一步之遥。

最后一跳,王嘉男跳出8米36的好成绩,排名反超至第一位,并最终逆转夺得本届世锦赛男子跳远冠军,创造了中国田径新的历史。

在当天进行的其他比赛中,东京奥运会冠军巩立姣以20米39的个人赛季最好成绩获得女子铅球银牌。苏炳添在男子100米半决赛中跑出10秒30的成绩,无缘决赛。

(《新闻联播》2022年7月17日播出)

5. 中国队3∶0胜菲律宾队 率先出线

11日,中国国足在阿布扎比以3∶0战胜菲律宾队,率先在亚洲杯C组中出线。

本场比赛,中国队基本压制了对手。第40分钟,中国打出精妙配合,蒿俊闵传球,武磊禁区边沿接球后,一脚射向远门柱得手,中国队先下一城。

下半场第66分钟,武磊自己造成前场任意球,又以一脚漂亮的侧身扫射建功,比分改写为2∶0。

第80分钟,于大宝利用角球的机会杀到禁区中央,一个简单的进球,为中国队锁定胜局。

当天进行的C组另一场比赛中,韩国队1∶0小胜吉尔吉斯斯坦,与中国队同样两战两胜积6分,提前锁定出线。16日,国足将迎战韩国队,争夺小组头名。

(《新闻联播》2019年1月12日播出)

6. 总台"从北京到巴黎——中法艺术家奥林匹克行"中国艺术大展发布

由中央广播电视总台联合法国国家奥林匹克和体育委员会、法国职业足球联盟以及法国多家艺术机构共同发起的"从北京到巴黎——中法艺术家奥林匹克行"中国艺术大展活动今天发布。作为中法文体艺术交流的公益活动,展览将于今年5月在巴黎举办,共展出100多位中国当代艺术家的200多件精品佳作,为不同文明交流互鉴注入中国力量,助力推动构建人类命运共同体。

(《中国新闻》2024 年 4 月 2 日播出)

九、口播和口导

1. 习近平向塞内加尔当选总统致贺电

3 月 28 号,国家主席习近平致电巴西鲁·迪奥马耶·法耶,祝贺他当选塞内加尔共和国总统。

习近平指出,中国同塞内加尔建交以来,两国政治互信持续增强,务实合作成果丰硕,在国际事务中密切配合。作为中非合作论坛共同主席国,双方今年将在华共同举办中非合作论坛峰会。我高度重视中塞关系发展,愿同法耶当选总统一道努力,相互支持、团结协作,共同办好中非合作论坛峰会,推动中塞、中非关系不断发展,更好造福双方人民。

(《新闻联播》2024 年 3 月 29 日播出)

2. 习近平同哈萨克斯坦总统分别向中国"哈萨克斯坦旅游年"开幕式致贺信

3 月 29 号,国家主席习近平同哈萨克斯坦总统托卡耶夫分别向 2024 中国"哈萨克斯坦旅游年"开幕式致贺信。

习近平指出,中国和哈萨克斯坦是好邻居、好朋友、好伙伴,两国人民有着数千年的友好交往史,共同谱写了古丝绸之路文明交流互鉴的美好诗篇。2013 年,我在哈萨克斯坦首次提出共建"丝绸之路经济带"倡议。10 多年来,两国以推动共建"一带一路"为主线,各领域合作取得丰硕成果,惠及两国人民,让中哈绵延千年的丝路情谊焕发新活力。

习近平强调,文化交流与旅游合作是中哈民心相通的重要桥梁和纽带。近年来,两国人文合作方兴未艾,互免签证协定生效,互设文化中心协定签署,鲁班工坊落地,青年交流佳话频传,人员往来日益密切,人民友好基础越来越牢。去年,我同托卡耶夫总统共同宣布 2024 年为中国的哈萨克斯坦旅游年。希望两国以旅游年为契机,深化旅游合作、增进人员往来、赓续千年友谊,携手建设好中哈关系新的

"黄金三十年",为构建中哈命运共同体作出新的贡献。

托卡耶夫在贺信中表示,哈中互为友好邻邦,政治互信持续深化,各领域合作成果丰硕,正致力于打造两国关系新的"黄金三十年"。哈历史文化悠久,名胜古迹众多,自然风光壮美,人民热情好客,完全可以成为最受中国游客欢迎的旅游目的地。哈方将举办一系列旅游年活动,全面增进中国游客对哈的了解,进一步巩固哈中世代友好,为两国永久全面战略伙伴关系注入新的强劲动力。

2024 中国"哈萨克斯坦旅游年"当日在北京开幕,活动由中国文化和旅游部与哈萨克斯坦旅游和体育部联合主办。

(《新闻联播》2024 年 3 月 30 日播出)

3.《求是》杂志发表习近平总书记重要文章《必须坚持人民至上》

4 月 1 号出版的第 7 期《求是》杂志发表中共中央总书记、国家主席、中央军委主席习近平的重要文章《必须坚持人民至上》。这是习近平总书记 2012 年 11 月至 2023 年 12 月期间有关重要论述的节录。

文章强调,人民是历史的创造者,人民是真正的英雄。我们党来自人民、植根人民、服务人民,党的根基在人民、血脉在人民、力量在人民。人民是我们党执政的最大底气,是我们共和国的坚实根基,是我们强党兴国的根本所在。人民对美好生活的向往,就是我们的奋斗目标。中国共产党人的初心和使命,就是为中国人民谋幸福,为中华民族谋复兴。这个初心和使命是激励中国共产党人不断前进的根本动力。

文章指出,江山就是人民、人民就是江山,打江山、守江山,守的是人民的心。人民立场是中国共产党的根本政治立场,是马克思主义政党区别于其他政党的显著标志。党除了人民利益之外没有自己的特殊利益,党的一切工作都是为了实现好、维护好、发展好最广大人民根本利益。要坚持全心全意为人民服务的根本宗旨,贯彻群众路线,尊重人民主体地位和首创精神,始终保持同人民群众的血肉联系,与人民风雨同舟、与人民心心相印,想人民之所想,行人民之所嘱,不断把人民对美好生活的向往变为现实。

文章指出,全面建成社会主义现代化强国,人民是决定性力量。必须坚持全体人民共同参与、共同建设、共同享有,紧紧依靠全体人民和衷共济、共襄大业。要积极发展全过程人民民主,坚持党的领导、人民当家作主、依法治国有机统一,健全人民当家作主制度体系,充分激发全体人民的积极性主动性创造性。贯彻以人民为中心的发展思想,解决好人民群众急难愁盼问题,让现代化建设成果更多更公平惠及全体人民,在推进全体人民共同富裕上不断取得更为明显的实质性进展。不断巩固发展全国各族人民大团结、海内外中华儿女大团结,充分调动一切积极因素,凝聚起强国建设、民族复兴的磅礴力量。

(《新闻联播》2024年4月1日播出)

4. 中央党的建设工作领导小组召开会议 研究部署党纪学习教育工作 蔡奇主持并讲话 李希出席并讲话

中央党的建设工作领导小组3号召开会议。中共中央政治局常委、中央党的建设工作领导小组组长蔡奇主持会议并讲话,中共中央政治局常委、中央党的建设工作领导小组副组长李希出席会议并讲话。

会议指出,经党中央同意,自2024年4月至7月在全党开展党纪学习教育。这次党纪学习教育,是加强党的纪律建设、推动全面从严治党向纵深发展的重要举措。党中央高度重视,习近平总书记多次就开展党纪学习教育发表重要讲话、作出重要指示,为开展党纪学习教育提供了重要遵循。我们要深入学习贯彻,深刻领悟"两个确立"的决定性意义,坚决做到"两个维护",切实把思想和行动统一到党中央决策部署上来。

会议强调,要进一步深化对加强党的纪律建设重要性的认识,准确把握党纪学习教育的目标要求,推动各级党组织和领导班子从严抓好党的纪律建设,推动广大党员、干部强化遵守纪律的自觉,以严明的纪律确保全党自觉同以习近平同志为核心的党中央保持高度一致。要抓住学习重点,在学习贯彻《中国共产党纪律处分条例》上下功夫,教育引导党员干部准确掌握其主旨要义和规定要求,用党规党纪校正思想和行动,真正使学习党纪的过程成为增强纪律意识、提高党性修养的过程。要压实各级党组织的领导责任,各级领导班子和党员领导干部带头学习,坚持两手抓两促进,力戒形式主义,推动党纪学习教育走深走实。

李干杰、李书磊、姜信治出席会议。

中央党的建设工作领导小组成员等参加会议。

(《新闻联播》2024年4月3日播出)

5. 习近平向马耳他新任总统致贺电

4月4号,国家主席习近平致电米丽娅姆·斯皮泰里·德博诺,祝贺她就任马耳他共和国总统。

习近平指出,中马两国建交52年来,始终相互尊重、平等相待,在涉及彼此核心利益和重大关切问题上相互支持,经贸投资、文化教育、医药卫生合作成果丰硕。我高度重视中马关系发展,愿同总统女士一道努力,赓续传统友谊,深化务实合作,推动中马关系不断取得新进展,更好造福两国人民。

(《新闻联播》2024年4月4日播出)

6. 习近平和巴西总统向中巴两党第七届理论研讨会致贺信

4月9号,中国共产党和巴西劳工党第七届理论研讨会在北京举行。中共中央总书记、国家主席习近平和巴西劳工党名誉主席、总统卢拉分别向研讨会致贺信。

习近平在贺信中表示,2022年10月,中国共产党第二十次全国代表大会明确了中国共产党的中心任务是团结带领全国各族人民全面建成社会主义现代化强国、实现第二个百年奋斗目标,以中国式现代化全面推进强国建设和中华民族伟大复兴。2023年1月巴西劳工党再次执政后,大力推动"加速增长计划""新工业计划"等发展战略,致力于实现可持续全面发展。此次中巴两党以"加强执政党建设,探索现代化道路"为主题进行理论研讨恰逢其时,对加强执政党能力建设、探索符合自身国情的现代化道路具有重要意义。

习近平指出,今年是中巴建交50周年、中国共产党同巴西劳工党建立关系40周年。站在新的历史起点上,中国共产党愿同巴西劳工党深化治国理政经验交流互鉴,推动各自党的建设和国家发展进步,为引领新时代中巴关系向前不断发展,为推动构建人类命运共同体作出更大贡献。

卢拉在贺信中表示,今年巴中将迎来建交50周年,这是双方朝着构建命运共同体目标开展交流合作、深化友谊的50年。去年,我与习近平总书记共同推动两国全面战略伙伴关系迈上新台阶。巴中关系不仅对两国而且对全世界都很重要。我们将通过合作巩固联合国等全球治理传统机制,同时加强"77国集团和中国"、金砖国家和中拉论坛、"基础四国"等南南合作关键机制。巴西劳工党与中国共产党的关系是两国关系的重要组成部分。此次劳工党高级干部考察团访华并出席中国共产党和巴西劳工党第七届理论研讨会,目的是同中共开展治国理政经验交流,并就共同感兴趣的议题进行深入探讨和合作。我坚信,我们双方一定能找到更多汇合点和合作机遇。巴中两党、两国政府和两国人民之间的交流将更加密切和卓有成效。

(《新闻联播》2024年4月9日播出)

第三章 电视新闻节目主持

在电视新闻节目当中,新闻消息的有声语言传播可以有多种样式,既可以是宣读式,也可以是播报式,还可以是谈话式。但是,随着电视新闻节目样式的丰富,在很多新闻杂志型或者新闻版块型节目中,更多见的是多种新闻播音主持方式的综合运用,其中既有传统意义上的消息播报,又有形式灵活的说新闻,还有带有评论作用的小言论评述,这就让电视新闻节目的语言表达样式也随着电视新闻节目的变化而更加丰富多彩了。

本章针对当前国内主流电视媒体大量涌现的新闻杂志型和新闻版块型节目的具体样态,从电视的特点、主持人语言表达的特点出发,结合一些具体实例对电视新闻节目主持进行分析讲解,使读者能够便捷地掌握一些基本技能。

第一节 新闻杂志型节目主持

一、定义

新闻杂志型节目又称为杂志型新闻节目,是电视新闻深度报道的重要节目形态之一。它借鉴杂志的综合编排方法,利用电视的传播优势和报道、评述手法,按栏目的宗旨,将不同样式和内容的新闻版块小栏目串联起来,形成一个完整的节目,在固定时间播出。其中,主持人起着突出的作用。该节目形式吸取了专题报道和集纳性动态新闻的优点,具有显著特点:杂而有序,中心突出,形式上综合性强,灵活多样。

《广播电视简明辞典》对新闻杂志型节目(Magazine—format documentary series)的定义是,"电视屏幕上的综合性新闻性节目。它在固定栏目时间内采用杂志综合编排方式,以节目主持人的形式播出……这类节目由主持人把内容串联为有机整体,并对重要的新闻做简要的评述,有利于充分发挥电视传播的优势"。

新闻杂志型节目以传播深度信息为主,同时兼顾其他社会功能,满足受众多方面的需求。比较有代表性的新闻杂志型节目在中国有《东方时空》,在美国有《60分钟》。《东方时空》在改版前的主要子栏目有《百姓故事》《东方之子》《时空调查》《时空连线》。它的播出方式是日播,强调时效性,以提供深度信息和权威分析及评论为主。《60分钟》基本固定的节目框架是节目介绍、具体报道等,还有名牌子栏目安迪·鲁尼的评论,以及并非每期均有的观众来信选播。《60分钟》主要使用"讲故事"的叙述模式,具体有侦探模式、分析者模式、游客模式等,强调故事的冲突性,使新闻具有娱乐性特征。

二、概况

在广播电视节目比较发达的美国,广播发展初期,由于信号覆盖不充分,同时听众的构成比较复杂,所以广播节目必须考虑到各种受众群体的需要,尽可能地满足受众需求,于是在20世纪30年代,最早的版块节目诞生了。在版块节目诞生的同时,主持人形式也纷纷出现,主持人以个性风格和受众建立了密切的收听关系。当时的新闻节目大多表现为新闻版块形式,大量的新闻记者采录的报道在节目中直接播出。

新闻杂志型节目就脱胎于新闻版块节目。新闻杂志型节目最早出现于美国。1952年美国广播公司(NBC)副总经理韦弗为摆脱广告商对新闻节目的控制,提出创办杂志型新闻节目的设想。目前美国的几大商业电视网都有自己的名牌新闻杂志型节目,节目在黄金时段播出,收视率稳居高位。与发达国家相比,中国的新闻杂志型节目起步较晚。1987年7月,上海电视台推出了国内第一档新闻杂志型节目《新闻透视》。1988年1月,福建电视台创办了新闻杂志型节目《新闻半小时》。此后,国内诞生了一批较有影响力的新闻杂志型节目。1993年5月,中央电视台推出了大型新闻杂志型节目《东方时空》,一时间好评如潮。此后,新闻杂志型节目形式被广泛运用于各时段电视新闻节目中。

三、新闻杂志型节目播音主持的整体把握

新闻杂志型节目不仅告诉人们发生了什么事,而且告诉人们这些事情背后潜在的东西以及将要发生什么。它注重新闻的调查,注重分析、说理和引导,是对重大新闻事件、典型新闻的纵深报道、阐释评述,起到舆论引导的作用,给受众留下深刻印象并发人深思。

新闻杂志型节目必然具备新闻的本质特征,同时兼具自身特点。因此从节目内容的设置,到具体内容的选择,再到整个节目的编排,必须全盘把握,每一步都需要精心策划和思考。

1. 内容设置

新闻类节目既要有时效性,又要加强针对性。新闻杂志型节目还要兼顾社会性、知识性、服务性和趣味性,及时捕捉、剖析受众关注的重大新闻、热点新闻和社会问题,力求题材内容多样化,透视分析全方位,充分发挥综合优势。

"深"是新闻杂志型节目的一个根本性特征。这首先要通过对社会热点问题的系列报道进行多方位现场"透视"。可以利用前方记者的现场优势,向受众客观、深入报道事件的发生、发展,通过现场记者的眼睛对问题进行全方位"透视",激发受众深入思考。还可以通过主持人的思考性语言,提出新见解和颇有针对性的、富有见地的建议。主持人的思考、评述是增强新闻杂志型节目思想深度的重要方式。

在此类电视新闻节目中,中央电视台的《东方时空》是个典型代表。中央电视台《东方时空》于1993年5月1日开播,虽然当时时长只有45分钟,但是作为中央电视台第一个新闻杂志型节目,开播伊始就产生了广泛影响,同时也改变了我国观众早间不收看电视节目的习惯,被业界誉为"开创了中国电视改革的先河"。《东方时空》2000年11月27日进行过一次大改版,时长从45分钟扩为150分钟,以演播室为调度中心,用直播方式将新闻、实用资讯、新闻专题等诸多内容有机串联,更加突出信息的时效性和服务性。同时还推出了《东方时空》所独有的周末版节目,构成浑然一体的大型早间新闻杂志型节目,被兄弟媒体评价为"中国新闻晨报""中国新世纪传媒新动向的代言人""电子媒体发展的趋势"。2001年10月,《东方时空》

再次改版,将新闻及资讯内容分离出去,在保留原有的《东方之子》《百姓故事》《世界》《纪事》各子栏目的基础上,推出新的子栏目《时空连线》。2004年9月1日,《东方时空》移至晚间黄金时段播出,联手中央电视台综合频道《新闻联播》《焦点访谈》,推出晚间新闻版块。

2. 编排优势

新闻杂志型节目在固定的栏目、固定的时间,采用杂志型编排方法,由主持人主持播出。在内容上虽然"杂",但是并不"乱",并且长短结合,重点突出。形式上采用版块结构,灵活多变。节目主持人将各个内容串联成为一个有机的整体,并对重要题材做深入采访和评述。

新闻杂志型节目在传播上有不少优点:(1)用多样化题材和手段来激发受众的兴趣;(2)容量大、题材广,巧妙融为一体;(3)变化灵活,结构合理,随时调整。总之,新闻杂志型节目的设置和编排都力求新颖和个性,关键在于编排安置要得当合理,符合受众的心理和习惯。

以中央电视台的《东方时空》为例。《东方时空》坚持其一贯的主流性和新闻性,坚持对新闻事件和人物进行全面、深度、个性化报道,在原有的各个版块基础上,新增《时空看点》《时空调查》《媒体观点》三个新元素。整合后的《东方时空》各部分弹性互动,风格更加一致。

《东方时空》栏目自开播之日起,就陆续创办了多个富有特色和影响力的子栏目,给广大电视观众奉献了许多优秀的节目。

《时空连线》:第一时间直击新闻事件,为观众带来快速、深入的现场报道。它的目标是成为中央电视台当天国内重大新闻最权威、最及时的专题报道窗口。

《时空看点》:纵评天下事,为观众带来有关当日热点新闻最快的评论和分析。

《东方之子》:浓缩人生精华,探求新闻人物的内心世界,同时努力在中国主流媒体中创造更真实、更开放的谈话空间,力图为当代中国留下一份珍贵的口述历史。

《百姓故事》:讲述老百姓自己的故事,用镜头记录普通中国人的喜怒哀乐,关注处于社会转型期的中国人的生存状态,与观众共同分享人生。

《时空调查》:聚焦社会热点,关注观众反馈,用数字表达观点,用数字解读国计民生。

《媒体观点》：汇聚百家之言，展示各方观点，全方位解读社会新闻热点，为观众提供观点碰撞和交锋的平台。

3. 注意要点

(1)恰当选择和配置节目内容。

一是准确把握时机，优先撷取并突出社会关注的重大新闻题材，使之成为节目的主干。二是保持节目内在统一性的同时力争题材多元化，力求每一期节目拥有多方面的内容，满足受众的不同需求。三是既要顾及题材间的联系，也要防止简单堆砌同类题材。

中央电视台《东方时空》除了每天播出的一些相对固定的子栏目外，还为观众提供别具一格的周末版节目。《世界》由主持人水均益领衔，与中央电视台驻世界各地首席记者联袂，以独特的视角报道每周最受关注的国际重大新闻事件和新闻人物。《纪事》是一档以纪实形态为主的时长为30分钟的纪录片栏目，关注国家、社会和人物的命运，在坚持人文关怀的同时，重视纪录片的社会的、历史的文献价值，具备一定的精品意识。《记忆》主要选择若干位在20世纪影响了中国人言行和思想的人物，将节目的基本情节限定在人物最精彩、最具戏剧性的一年，进而展示主人公和他所生活的时代。一人一年，通过对历史人物的真实细节的追寻，浓缩中国近百年来的若干精彩瞬间。

(2)协调节目的内部表现形式。

一是根据题材的特点采用相应的表现形式，做到"量体裁衣"。二是将节目整体形式纳入节目策划范围，让节目采制群体明确其要求。三是适当变换局部的表现形式，包括音像资料的重新剪辑和组接。四是在表现形式不便变换的情况下，采取必要的缓冲措施，如采用间隔形式协调局部，或插入过渡性的材料等。

中央电视台《东方时空》一直在节目内容和表现形式上不断尝试，摸索和总结出了一套新闻杂志型节目的成功经验。时至今日，《东方时空》已成功播出了二十多年，形成了"关注社会、激浊扬清、锐意进取"的栏目风格，并不断在节目内容和表现形式上推陈出新，提升自身品质。

思考和练习

1. 新闻杂志型节目和新闻专题型节目有什么异同?
2. 你看过哪些新闻杂志型节目?试分析一下节目内容的构成和特点。
3. 你喜欢哪些新闻杂志型节目的主持人?其语言表达上有什么特点?
4. 根据第二章第三节补充练习材料中的新闻素材,或从报纸、杂志、网络上选编一些新闻素材,模拟编排并主持一档新闻杂志型节目。

第二节 民生新闻节目主持

一、定义

1. 民生新闻的内涵

"民生"一词最早出现在《左传·宣公十二年》,所谓"民生在勤,勤则不匮"。这里的"民",就是百姓的意思。而《辞海》中"民生"的解释是"人民的生计",这是一个带有人本思想和人文关怀的词语,话语语境中显然渗透着一种大众情怀。在现代社会中,民生和民主、民权相互倚重,而民生之本,也由原来的生产、生活资料,上升为生活形态、文化模式、市民精神等既有物质需求也有精神特征的整体样态。人民开始关注自身的话语权,"民生"与大众传播媒介的结合就变得势在必行,于是,"民生新闻"这一概念出现了。

目前,业界和学界对于民生新闻的内涵众说纷纭,尚无定论。主要观点有以下几种:

第一种,民生新闻是关注人民生计、关心市民生活的新闻,从广义上说它属于社会新闻,但在内容上主要关注的是普通老百姓的生存状态与生存空间。

第二种,民生新闻是从群众日常生活中采制而来的新闻,内容上锁定群众的生存状况、生存空间,关注群众的冷暖痛痒、喜怒哀乐,形式上充分利用先进的传播手段,提高新闻的时效性和互动性,拉近电视与观众的距离。民生新闻是"平民视角、民生内容、民本取向"。

第三种，民生新闻是以民本思想为基点，以平民视角和人文叙事手法关注和表现普通百姓的生命、生存、生活、生计等内容的一种电视新闻形式。具体表现在三个方面：平民视角、民生内容、人文叙事。

第四种，民生新闻是以城市居民为传播对象，以频道主要覆盖城市为报道范围，以与市民日常经济、社会生活息息相关的新闻事件为主要题材的一种电视新闻体裁。

第五种，民生新闻是以"民生、民情、民意"为主要关注点，以城市百姓"身边事、麻烦事、稀奇事、关心事"为主要报道题材，通过记者现场调查、跟踪报道、嵌入式体验等灵活多样的方法采编制作，注重新闻的实用价值、娱乐价值、情感价值的电视新闻。

严格说来，我们认为，民生新闻算不上是一个有关新闻体裁样式的科学概念。传统新闻学领域对于新闻体裁样式的划分遵循着单一的标准，而民生新闻是一个由多种标准共同作用的划分结果。

以上是辽宁大学新闻系电子传播媒体研究小组编写的《小析"民生新闻"现象——以辽宁电视台〈新北方〉和沈阳电视台〈直播生活〉为例》一文中所提到的关于民生新闻内涵的文字，比较全面，也比较深入。

2. 民生新闻的定义

民生新闻是我国近年来兴盛的一个重要新闻类型，各种媒体都把它作为在日益激烈的竞争中吸引受众的重要手段，并取得了很好的效果。

所谓民生新闻，就是关注人民生计、关心市民生活的新闻，内容上锁定群众的生存状况、生存空间、生存环境，关注与百姓生活息息相关、对群众有影响的事件及信息。

因此，对民生新闻可以做如下更为全面和严谨的界定：民生新闻是以关注民众生计、民众意愿、民众立场为主要价值取向，并致力于以民众视角、民众喜闻乐见的形式，对与民众生计、民众生存、民众日常生活、民众切身利益密切相关的新近变动事实的传播。[1]

从题材对象上，它与时政新闻、经济新闻、科教新闻并列，而和社会新闻的关系

---

[1] 吴信川. 新编广播电视新闻学[M]. 上海：复旦大学出版社，2006：128.

却有些许不同,需要进一步厘定。《新闻学大辞典》对社会新闻的解释:反映社会生活中体现社会伦理道德的事件、社会风气、社会问题、风俗民情以及自然界和社会上的奇闻轶事的新闻。

民生新闻与社会新闻虽然都选用相似的题材,但摄取的却是不同层面的内容,传播效果也是完全不同的。两者的不同主要表现在价值取向上,社会新闻站在一种高位审视的立场;而民生新闻则以一种对普通老百姓感同身受和利益关切的姿态,体现民生的视野、民生的态度、民生的情怀,并且它可以最直接和广泛地实现媒体下情上达的功能,发挥媒体在树立社会公共道德和保障社会公共利益方面的积极作用。

二、概况

1. 民生新闻的出现及发展概况

从 20 世纪 90 年代开始,各地的晚报、都市报等上的都市社会新闻、市井新闻作为民生新闻的雏形已经小有影响。而在电视荧屏上,1995 年北京电视台的《点点工作室》(1998 年改名为《元元说话》,1999 年后叫《第七日》),基本具备了电视民生新闻的雏形。1997 年北京电视台推出的《北京特快》与 1999 年成都电视台推出的《今晚 8:00》等,也都呈现出了典型的民生新闻特质。

2002 年,江苏电视台城市频道推出了《南京零距离》,被认为是开创了大时段城市电视民生新闻节目的先河。之后,南京地区陆续开播了《直播南京》《绝对现场》《法治现场》《标点》《服务到家》《1860 新闻眼》等民生新闻栏目,由此引发了本地区以大时段直播或"准直播"为外在特征,以关注本土化市民生活形态为主体内容的城市新闻"大战"。

2. 民生新闻的特点与优势

(1)关注民生、贴近百姓,平民色彩浓。

关注民生就是关注时代。民生新闻将民生现场置于媒体的聚焦之下,同时,民生新闻记录着百姓的生活状态、生活矛盾、情感困惑,在新闻报道中勾勒百姓生活全景图。所以说,民生新闻具有贴近性和平民化色彩,这样能使受众感到亲近,容易获得其信赖。

(2) 服务特征明显。

从某种意义上说,民生新闻的服务性体现在它为受众提供的有效信息上。民生新闻往往被亲切地称作"老百姓自己的新闻",这其中蕴含着民生新闻服务民众的价值理念。

(3) 报道领域较宽。

实际上,国内外重大时政、经济新闻莫不与民生有关。因此,经济新闻与民生新闻可以相互融合,关键是要在这些新闻中找到与百姓生活相关的点,即把新闻的视角从党和政府的工作转到百姓的生活中来,选取某些经济现象或经济生活中的某些内容,从老百姓的视角来分析、透视及思考。

(4) 区域特性明显。

民生新闻强调区域性,通过对区域性资源的充分开掘与利用,激发区域性受众的价值认同。民生,既是各区域表现自己的题材,也是媒体实现价值的题材。由于各区域的自然环境、历史文化、经济发展不同,民生新闻的具体内容也不同,比如北京民生新闻、南京民生新闻,内容都不完全相同。

3. 民生新闻的缺憾

民生新闻成为当下中国媒体景观中一道独特的风景,从本质上说,这是因为它以区域为语境和视角,以民生为题材,以民为中心。可以说,在当今大众传播模式的转变中,它是最容易符合受众口味的。与此同时,民生新闻不能只停留于琐碎和表面,走进误区,在选题把握上不能走极端,即把视线全部放在百姓日常生活中,如交通事故、房产纠纷、家庭矛盾等事件,或以庸俗、夸张、暴力等取悦受众,全然不顾社会发展的重大问题。民生新闻还应该考虑新闻事件的重要性和时效性,再从社会发展的主流问题中找到与百姓生活相关的点,形成有主流新闻意识的民生新闻。

民生新闻也有自身缺憾:

(1) 盲目追求高收视率导致节目低俗化。

很多节目的制作者尤其是考评者把收视率的高低当成了一个节目好坏的唯一评判标准,进而导致盲目追求高收视率造成节目低俗化。

一些电视台想当然地认为民生新闻是提高节目收视率的撒手锏,因而根本不考虑自身实际情况和市场情况,盲目跟风。由于缺乏理性思考,很多民生新闻的制作者想当然地认为,老百姓肯定喜欢"腥、星、性"的东西。因此,煽情与猎奇、暴力和血腥便常常充斥在民生新闻中,导致民生新闻节目低俗化现象日益泛滥。

(2) 盲目跟风导致节目同质化。

高收视率和高广告回报让《南京零距离》一下子成了电视同行学习的楷模。全国各地类似《南京零距离》的民生新闻栏目如雨后春笋般涌现出来。这些民生新闻栏目几乎都是从《南京零距离》学来的,甚至完全套用了《南京零距离》的节目生产模式。然而,跟风者并没有达到预想的效果,相反,同质化的节目白白浪费了大量的频道资源。

(3) 角色错乱导致媒体公信力缺失。

新闻媒体具有舆论监督的功能,常常报道一些社会关注的焦点和难点问题,并促进了问题的解决。这使部分受众产生了一种错觉,认为媒体和政府职能部门差不多。而实际上,新闻媒体从来不是、将来也不会是政府的职能部门。理性的新闻媒体应该是一个信息传输和交流的平台,它的作用应该主要存在于表达民意的层面上,媒体不应该去干不属于自己职责范围的事,而放弃媒体应负的社会责任。只有如此,媒体才会有自己的公信力。①

电视民生新闻引发了电视新闻革命,毋庸置疑,它创造了一个又一个奇迹。但从目前的民生新闻发展情况来看,有些问题也应引起从业人员的重视。

三、民生新闻播音主持的整体把握

1. 节目形态

民生新闻节目应该在价值取向上具有民众接近性,也就是说民生新闻无论内容还是形式都应该浅显易懂,能够让大多数受众看得懂并且能够产生共鸣。基于这样的考虑,民生新闻节目的形态应该是灵活多样的,并且经常能够和受众交流沟通。

2. 语言表达

民生新闻节目的语言表达应该具有可亲性。可亲性并不仅是亲切,更多的是

---

① 尚明宪. 论民生新闻的优势与缺憾[EB/OL]. (2007-04-03)[2007-04-13]. http://blog.donews.com/aoinging/archive/2007/04/03/1149878.aspx.

一种亲和力的综合表现。这种亲和力不是表现为肤浅的语气亲切、面带微笑,而是表现为主持人对广大民众的一种关注和关心。虽然主持人并不是政府官员,但是心中如果装着老百姓的衣食起居,关注和感受着人间冷暖,那么就会在语言表达中体现出可亲性。

3. 个性发挥

节目主持人应该具有鲜明的个性,民生新闻节目主持人更应该具有自己鲜明的个性特点。这种特点不是标新立异、哗众取宠,而是在长时间的节目主持当中表现出来的相对稳定的个性魅力和个性化表达样式。

4. 明确作用

电视节目主持人始终不能忘记:我们是媒体工作者,我们是党和政府以及人民的耳目喉舌。民生新闻节目主持人更应该很好地起到"上情下达、下情上传"的作用,要在一个公平、公正的平台上对百姓的社会生活起到舆论监督作用。所以,电视民生新闻节目主持人在节目中应该把握好舆论宣传的导向,真正做到倾听百姓心声、关注百姓生活。

> **思考和练习**
>
> 1. 电视民生新闻和平面新闻晚报之间有什么关联?为什么百姓喜欢看民生新闻?
> 2. 你看过哪些电视民生新闻节目?试分析一下该节目的特点。
> 3. 哪些电视民生新闻节目主持人给你留下了深刻印象?请说出其优缺点。
> 4. 从报纸、杂志、网络上选编一组新闻消息,试着编排成一档电视民生新闻节目并模拟主持。

第三节　新闻专题节目主持

一、定义

新闻专题节目也可以称作专题类新闻节目。专题,顾名思义,是对某一个专门的题材、课题进行探讨并传播。各台、各节目部门都创办各类专题节目，如对象性专题、知识性专题、服务性专题、文化艺术性专题等。

专题类电视新闻是综合运用各种电视表现手段与播出方式，深入报道某一重大新闻事件或某些具有新闻价值又为广大受众所关心的典型人物、经验，新出现的社会现象以及某一战线、地区新面貌等题材的新闻报道形式。[①]

新闻专题节目的特征是具有新闻性，它和消息类新闻节目的区别在于其专题性，即对某一专门问题做专门的分析报道。可以说，它是消息类新闻节目的延伸和拓展。

二、概况

新闻专题节目大致可分为专题新闻、专题报道、思辨性报道等类型。

专题新闻主要是对重大新闻事件进行详尽报道的节目形式。它在时效上与消息类新闻节目最为接近，而在内容上则更为详尽和全面。这类新闻主要报道党和政府的重要活动、重要会议、节日庆典以及人们关注的其他重大活动。

专题报道是电视新闻深度报道常用的节目形式，是新闻专题节目中进行深度报道的主要形式。在选题上，选取当前具有重要意义的新闻的多角度、多侧面的信息；在表达方式上，根据内容准确、鲜明、生动地调动各种电视手段。它的具体类型有典型报道（主旋律）、重大事件的现场报道、重大事件的综述回顾等。

思辨性报道是对社会问题、社会现象的分析和思辨，在事实的基础上说理，换个角度思考，还要有深入的调查研究以及成果。

以上三大类型节目可以每期独立成篇，也可以连续播出几集；既可以在固定时间、固定栏目出现，也可以存在于新闻版块当中，成为子栏目。

目前，电视新闻专题节目在创作上有以下主要趋势：题材结构故事化，叙事方法情感化，人物展示个性化。

三、新闻专题节目播音主持的整体把握

从播音主持角度出发，根据稿件类型和表达特点，新闻专题节目可以大致归为

[①] 叶子.电视新闻节目研究[M].北京：北京师范大学出版社，1999：240.

以下几类：时政新闻专题节目(《国际时讯》)、热点新闻专题节目(《焦点访谈》《360度》)、新闻人物专稿(《新闻联播》中的专题报道《劳动者之歌》《道德楷模文明风尚》)、主旋律新闻报道专题(《新闻联播》中的《时代先锋》)等。

概括地说，新闻专题节目的播音主持在具体操作过程中先后有这样几个必要环节：

(1) 明确传播目的。每一档新闻专题节目的选题都要经过认真筛选，这些选题一定是一个时期广受关注的热点话题，除了具有较强的新闻价值，还应具有鲜明的舆论导向作用。所以播音员、主持人在此类电视节目的播音主持创作当中一定要明确传播目的。

(2) 充分了解资料。播音员、主持人在播音或者主持节目之前一定要尽可能地做好案头工作，除了仔细准备节目的稿件之外，还应该阅读一些相关资料，准备得越充分，对节目的把握就会越准确。尤其在访谈过程当中，虽然有节目进程和访谈大纲，但是在什么地方和嘉宾深入谈下去，只有在充分了解资料的前提下才可能随机应变、游刃有余。

(3) 注意分寸把握。新闻专题节目具有一定的专业性，播音员、主持人不可能是各种问题的专家，所以在谈到自己陌生或者没有把握的问题时，一定要注意请教专家学者，注意语言分寸的把握，尤其是在一些政治敏感问题上，更应该表现出一定的立场和拿捏好分寸。

(4) 注重人文关怀。播音员、主持人是节目进程的主导者，一档新闻专题节目一定有传播的既定受众群体和既定目的。如何才能达到良好的传播效果，让受众愿意接受、能够接受节目所传达的信息和内涵？具有人文关怀是有效的传播表达方式。所以，播音员、主持人在节目当中的开始语、结束语乃至节目中话题的抛出、中间的采访、最后的总结，都应该充分考虑到电视观众，尽可能多地为观众着想，这样才能够达到比较理想的传播效果。

下面着重就热点新闻专题节目和新闻人物专稿来谈谈如何把握此类节目的播音主持。

1. 热点新闻专题节目播音主持

热点新闻专题节目有日播型、周播型还有不定期的特别节目。此类节目主要有中央电视台的《焦点访谈》《今日关注》《新闻调查》《高端访问》《360度》《新闻周刊》等,各地方电视台也有很多日播和周播以及新闻特别节目。

另外,还有一种热点新闻专题节目,其构成主要是一些消息,间或一些简短的评论,信息量大、内容丰富,主持人的串联和点评在增强了交流感的同时,也把控了舆论的导向。请看下面这组新闻专题。

例:中央电视台《新闻周刊》节目(节选)

主持人:你们好,观众朋友,欢迎打开《新闻周刊》。在本周有一条新闻估计很多人不会太注意,那就是全国将撤销97%的评比达标表彰项目。本周公布统计的结果,以前全国共有评比达标表彰项目70,350个,经初步审核后将建议撤销68,000多项,平均撤销率达到97%,可见不说不知道一说吓一跳。在过去的很多时间里,有相当多的机构,打着评比达标表彰的理由,在市场上"姜太公钓鱼愿者上钩",花钱买名声,最后再拿着用钱买来的名声到消费者这儿来促销,到最后是消费者在为一些名不符实的评比达标和表彰买单。这一次"痛下杀手"撤销97%是一件好事,但剩下的2000多项如何管理?撤销之后如何防止死灰复燃,时间一长又巧立名目回到百分之百,恐怕也是有关部门该认真思考和认真对待的事。好了接着共同走进本周。

本周新闻:道德模范评选活动结束

有感动、有钦佩,更有折射到灵魂深处的自省。本周,53位全国道德模范的名字通过新闻媒体迅速传遍全国,在这些普通人的身上,他们的故事他们的经历,没有惊天动地,但却蕴涵着巨大的道德力量,让每一个听众动容。这次由中央文明办、全国总工会、共青团中央、全国妇联联合举办的全国道德模范评选表彰活动,是中华人民共和国成立以来的第一次,大部分获奖者为普通基层群众,是通过群众投票和评委投票相结合的方式评出的。

本周,在人民大会堂,中共中央总书记、国家主席胡锦涛在会见这些全国道德模范时说,道德力量是国家发展、社会和谐、人民幸福的重要因素,倡导爱国、敬业、诚信、友善等道德规范,形成男女平等、尊老爱幼、扶贫济困、礼让宽容的人际关系,是社会主义精神文明建设的重要任务。这次对全国道德模范的评选表彰活动很有意义,对于形成良好社会风尚、提高公民道德素质具有重要推动作用。

超强"韦帕"袭击5省市

本周,今年第13号超强台风"韦帕"袭击我国东南沿海地区,中心最高风力达到14级,造成我国浙江、福建、上海、江苏、安徽5个省市近800万人口受灾,大量房屋倒塌损坏,农田被毁被淹,直接经济损失达66亿余元。除了浙江省有5人死亡、3人受伤外,并没有造成大的人员伤亡。此次台风到来之前,国家主席胡锦涛、总理温家宝作出"加强防御超强台风工作,保障人民群众生命安全"的重要指示,5省市不惜一切代价转移危险地带人员,共紧急转移安置268.8万人。尤其是浙江,在不到一天时间里完成了百万人口大撤离,转移群众179万多,3万多艘船只回港避风,是这个省中华人民共和国成立以来台风前转移人员最多的一次。如此紧急关头,如此紧迫时间,做到百万群众安全转移,不能不说是个奇迹,而其中耗费的财力物力人力也可想而知。面对可预知的灾难,如何更好地防御,除了财力物力的投入,或许更需要国家相关政策的指导。

(《新闻周刊》2007年9月22日播出)

结合这一例子,我们可以大致概括出在主持这类节目时,除了要注意之前所述的4个必要环节,还需要从宏观上把握好5点:

(1)把握好大政方针。把握好大政方针是新闻工作者政治素质的首要体现,所有的新闻报道都必须明确当下新闻宣传的主旨。这档节目主持人开门见山地把"全国将撤销97%的评比达标表彰项目"这一较有针对性的举措用聊天的方式说给受众,突出的正是党的方针政策。

(2)把握好舆论导向。我们的广播电视宣传一定要有旗帜鲜明的舆论导向。现阶段着重营造和谐社会,和谐社会体现在方方面面,通过一个人、一件事来反映某个侧面,点点滴滴就汇聚成了整个社会的和谐。在节目开始主持人说出"全国将撤销97%的评比达标表彰项目"的消息之后,紧随其后就报道"道德模范评选活动结束",这看似是一种编排技巧,实则体现的是一种舆论导向。

(3)把握好新闻敏感。做新闻报道一定要有新闻敏感,这是新闻工作者的基本素质,也是选取和编排一档新闻节目的依据。这档新闻节目在汇总一周的新闻时也没有遗漏掉当时颇受关注的"超强'韦帕'袭击5省市"等重要新闻。

(4) 把握好感情基调。感情基调对于播音员、主持人的创作来说相当重要,对感情基调的把握体现的是播音员、主持人对新闻的了解、对政策和导向的把握。因此,播音主持时用什么基调,在具体语句当中用什么语气,都关乎一档节目的传播。如这档节目中,主持人对"超强'韦帕'袭击5省市"这则消息体现的是一种关切和同情。

(5) 把握好导语串联。在一档好的新闻节目中,编排会起到非常重要的作用。虽然编排有时由编辑来完成,但是面对一则则的新闻消息,如何让它们形成有机的整体,就要靠传播的最后一个环节——播音员、主持人,说得确切一点,应该是播音员、主持人的语言表达。

新闻专题性节目中的消息播报不同于专门的消息类新闻节目播报,在语言表达上可以轻松自如、灵活多变一些。比如,这档节目的主持人在一开始就采用聊天的方式把新闻带出来:"在本周有一条新闻估计很多人不会太注意,那就是全国将撤销97%的评比达标表彰项目。本周公布统计的结果,以前全国共有评比达标表彰项目70,350个,经初步审核后将建议撤销68,000多项,平均撤销率达到97%,可见不说不知道一说吓一跳。"经过主持人这么一说,原本单调的数据播报变得生动了,原本严肃的措辞也变得生动了,但是却在观众的心中引发了不小的震动。紧接着在第二则消息开始前,主持人用了这样的串词:"有感动、有钦佩,更有折射到灵魂深处的自省。本周,53位全国道德模范的名字通过新闻媒体迅速传遍全国,在这些普通人的身上,他们的故事他们的经历,没有惊天动地,但却蕴涵着巨大的道德力量,让每一个听众动容。"这样一说,不但把两则消息很好地串联了起来,自然地过渡,同时在内容上也形成了鲜明的对比,一个贬斥,一个褒扬。

2. 新闻人物专稿播音主持

我们常常在中央电视台的《新闻联播》节目当中看到类似《劳动者之歌》《道德楷模文明风尚》《时代先锋》这样的报道,这就是一种简短的新闻人物专稿,也属于专题。新闻人物专稿往往是对一个典型人物的新闻报道,这在新闻体裁当中属于通讯。简单地说,通讯是一种比消息更深刻、更详尽、更生动的新闻体裁,优秀的通讯作品可以在受众中产生广泛、深远的影响。许多模范人物的事迹最早就是靠通讯这种文体广泛传播的。

新闻人物专稿是综合运用多种表达方式,详细深入而又生动形象地报道新近发生的事实的一种新闻体裁。新闻人物专稿的作用主要有以下几点:一是为受众提供更丰富、更多样的新闻人物事迹的细节,以满足受众了解详情的需求;二是使新闻具有感染心灵的艺术品格,因为新闻人物专稿具有文学性,一方面具有形象性,另一方面具有情感性;三是在消息不能有所作为的地方发挥作用,比如有一些有价值的新闻人物题材不适合写成消息,就可以写成新闻人物专稿。

(1)新闻人物专稿的含义。

新闻人物专稿(也称人物通讯)就是以人物为中心报道对象,通过一个人物或一组人物新近的行动来反映时代特点和社会面貌的一种通讯形式。

新闻人物专稿以人物的新近行动为新闻,重在表现人物的品质、性格和精神面貌,通过个别显示一般,达到揭示时代特征、感染受众的目的。

(2)新闻人物专稿的类型。

新闻人物专稿中的人物当然要具有新闻性。从实际报道的情况看,这些能够在通讯中充当主角的人物,大致有这样几种类型:一是各行各业的英雄模范人物。如雷锋、焦裕禄、王进喜、张海迪、孔繁森、徐虎、李素丽等,都是由新闻人物专稿向全社会推出的楷模。这样的人物通讯,社会影响广泛、深远。二是人们普遍关心的社会名流。如著名科学家、社会活动家、爱国人士、运动员、演员等。这样的通讯在报刊上常占有相当多的数量,有些报刊甚至可以通过报道这样的人物来吸引读者,提高报刊的发行量。三是在平凡的生活和工作中体现了某种人生价值的普通人。这是近年新闻人物专稿题材发展的一个趋向。四是某些对社会有警示作用的反面人物。如对违法乱纪的案件当事人的报道等。

另外,根据基本结构形态的不同,新闻人物专稿有这样三种类型:一是传记式。较完整地记叙人物一生的主要事迹,篇幅较长,内容丰富。二是特写式。侧重于记叙人物的一时一事,或某一侧面。虽然比一般的特写涉及范围大得多,但属于集中于一事、一个侧面的写法。真正记叙一时一事的新闻人物专稿,现在也很常见。三是群像式。报道对象不止一个人,而是一个集体中的若干人,或是同一时空范围内的几个同类人。

(3) 新闻人物专稿播音的把握。

如何把握好新闻人物专稿的播音？我们先来看看《新闻联播》中播出的新闻人物专稿。

例：【时代先锋】赵亚夫：46年为了农民增收致富

[同期声]江苏镇江农科所研究员赵亚夫：这个小苗是什么东西？草莓，我们下一步就要攻克草莓的有机栽培技术。

赵亚夫是镇江农科所的研究员，这样的培训他每个月都要有好几场。几年前，他从镇江市人大常委会副主任的岗位上退下来时，选择来到了镇江最贫穷的丘陵山区。第一次到戴庄传授有机农业技术，广播通知了一上午，只来了3个人。

[同期声]江苏镇江农科所研究员赵亚夫：他们说不用化肥、不用农药怎么种田，不相信。

村民王巧娣家里有几亩桃树，她当时抱着试试看的态度接受了赵亚夫的帮助。

[同期声]江苏镇江村民王巧娣：当时我想，他那么大的官，还不是来讲两天就走了吗？

可王巧娣没想到，赵亚夫这一讲就是两年。新品种和新的栽培技术带来的是戴庄的桃子卖出了前未有过的价格：以前一斤几毛钱，现在一斤五块钱。从此，丘陵山区的村民们认识了这位戴眼镜的赵老师。

[同期声]记者：在戴庄的村口有这么四句话：做给农民看，带着农民干，帮助农民卖，实现农民富。可以说，这是赵亚夫和他的同事们多年来的工作准则。

46年前，赵亚夫参加工作就选择了农村科技研究，一年三分之二的时间奔波在乡村。46年间，他平均每年培训超过百次，听课农民30多万人次，170多项新技术得到推广，农民增收25亿多元。

[同期声]江苏镇江农科所研究员赵亚夫：看看自己培育的成果给农民掌握了，丘陵山区原来草房子变成瓦房了，瓦房变成楼房了，(村民)开始买摩托车开小汽车了，非常高兴。

(《新闻联播》2007年10月10日播出)

帮助别人在生活中并不是一件难事,但是在长达46年时间里帮助农民增收致富,赵亚夫用自己的行动感动着所有人。

这是一则用特写式手法创作的普通岗位上先进人物的专稿。戴庄村口的四句话"做给农民看,带着农民干,帮助农民卖,实现农民富",正是赵亚夫心中最想做,也是他在现实中确确实实做到的事情。像这样的先进人物也许还有很多很多,对赵亚夫的颂扬,正是对许许多多和他一样的时代先锋人物的肯定。

这篇新闻人物专稿虽然采用了几段同期声、文字解说并不多,但在播读这四段不到300字的解说时,要饱含对赵亚夫的颂扬之情。对于稿件中赵亚夫的帮助对象从开始的3人到后来的30多万人这种强烈的对比,一定要予以突出,要能够激发出具体的感受并表现出这其中看似平凡实则令人敬佩的伟大奉献精神。

通过以上新闻人物专稿,我们可以概括出在新闻人物专稿的播音创作中应该把握好以下几点:

一是学习并了解现阶段大政方针。这是必须要明确的前提,因为新闻人物专稿的播发一定围绕着当时新闻宣传工作的中心,而一定时期新闻宣传工作正是围绕党的大政方针展开的,所以为了能够更为准确地表达新闻人物专稿,播音员必须提高政治素质、加强政治学习。

二是坚持积极正确的舆论导向。新闻宣传工作都有明确的舆论导向,我们弘扬什么、贬斥什么都应该有鲜明的态度,这也是播音员在进行新闻人物专稿播读前必须牢记的。

三是充分调动内心的表达激情。激发内心感受、调动情感等手段都是辅助有声语言进行创作的。新闻人物专稿多是以正面弘扬主旋律为主,所以播音员在进行播音创作时应该调动起充沛的情感,准确表现出先进人物和先进事迹的闪光之处。

四是准确运用内外部表达技巧。在具体创作过程中,播音员往往综合运用内外部表达技巧。准确的语言表达和情感把握无疑会对文字稿件起到锦上添花的作用,也会收到很好的传播效果。

五是整体把握创作的和谐统一。最终衡量一篇新闻人物专稿有声语言表达的成败,标准就是看是不是真实、自然,是不是能够激发受众内心的崇敬和感动。要做到这些,必然要求情、声、气以及整体把握的和谐统一。

> 思考和练习
>
> 1. 电视新闻专题节目有什么特点？
> 2. 电视新闻专题节目和电视新闻消息节目有哪些异同？
> 3. 新闻人物专稿的语言表达有什么特点？和新闻消息播报有什么不同？
> 4. 自己选编新闻素材，模拟策划编播一档电视新闻专题节目。

第四节　新闻读报节目主持

一、定义

人们长久以来习惯在早上买一份早报，了解一下过去一天的新闻和掌握一些与今天有关的信息；当忙完一天的工作，人们也习惯买一份报纸，关注一天的重要新闻汇总。在电视新闻优势凸显的今天，更多的人选择了收看电视新闻节目。和其他新闻节目样式出现的前提类似，电视新闻读报节目也是为满足受众以多种方式获取信息的需求而出现的。

从凤凰卫视的《有报天天读》到中央电视台新闻频道《朝闻天下》的《媒体广场》、经济频道《第一时间》的《马斌读报》，再到江苏电视台城市频道的《孟非读报》、东方卫视《看东方》的《早报早知道》《读家新闻》、湖南经视综合频道的《T2区》……一时间，这种原本属于个体行为的"读报"成为电视媒体的一种新鲜播报方式，受众也对这种重新演绎的"读报"方式兴趣浓厚。

原本狭义的读报是指读者自己阅读平面媒体上刊载的新闻信息，读者对新闻信息的选择具有"非线性"特点，也就是读者可以根据自己的喜好确定阅读内容和顺序，且阅读报刊的来源有限，一人或者一个家庭只能阅读有限的几份报刊。而新闻读报节目中的"读报"，则是由新闻节目主持人以读报的方式，将新闻信息有选择地呈献给电视观众。读报节目主持人对读报内容已经进行了筛选，所以受众获取信息具有"线性"特点，只能按照节目编排顺序获取信息。同时新闻读报节目的信息源充分，可以将更多平面媒体的新闻信息汇总在一起，尤其是不同媒体对同一新闻事件的各种报道和评论。

二、概况

要说国内新闻读报节目的源头,还得先说中央人民广播电台那个耳熟能详的名牌栏目《新闻和报纸摘要》。早在1950年4月10日,中央人民广播电台开办了《首都报纸摘要》节目,后来演变成了《新闻和报纸摘要》节目。从节目名称就可以看出这是一档专门播发国内权威报纸新闻和评论的广播节目,可视为广播电视新闻读报节目形态的雏形。

后来虽然也有一些此类广播和电视节目出现,但是"读报"特点并不鲜明,多是以新闻播音员播报的方式进行传播,也没有以个性化的主持人语言来进行串联和编排。之后真正让新闻读报节目成为电视观众喜闻乐见的一种新闻节目形式的是2003年1月6日凤凰卫视开播的《有报天天读》。这档读报节目主要解读全球范围内的重要报刊头条新闻以及社论和评论,由杨锦麟主持,一经推出便广受好评。

中央电视台新闻频道也在2003年7月1日推出早间读报节目《媒体广场》。《媒体广场》下午版是中央电视台新闻频道推出的又一档每天30分钟的读报节目,和早间《媒体广场》的读大报、说大事略有不同,下午的《媒体广场》以各地的都市报、晚报为主要摘取对象,从内容选取上更贴近百姓、贴近生活,播报形式更轻松、自然。后来,中央电视台经济频道的《第一时间》也在同年10月20日推出了《马斌读报》节目。

在地方媒体中,江苏电视台城市频道的名牌栏目《南京零距离》推出的《孟非读报》,主要是对南京以及全国主要报刊登载的一些重要新闻进行圈点,成为《南京零距离》的一大收视热点;湖南经视综合频道推出的《T2区》,也以其另类的读报模式创造了地方卫视的新看点。此外,插播在各栏目间的读报版块,更是不胜枚举,比如北京电视台的《现在读报》、东方卫视《看东方》的《早报早知道》和《读家新闻》等,均是该栏目收视率最高的版块。

三、新闻读报节目播音主持的整体把握

1. 整合新闻资讯

新闻读报节目往往信息量极大。在日渐繁忙的社会生活中,越来越多的人没

有充足时间阅读报纸杂志,更不可能把成百上千种报纸一一浏览,新闻读报节目能够通过专门工作人员将重要新闻和信息进行筛选呈献给电视观众,让观众在短时间内迅速了解国内外重要新闻信息。比如,中央电视台新闻频道《朝闻天下》中的《媒体广场》和经济频道《第一时间》中的《马斌读报》,都具有整合国内外新闻媒体重要新闻的特征。

2. 力求通俗易懂

目前电视媒体拥有非常广泛的受众基础,考虑到各个层次的电视观众,新闻读报节目的语言应该是通俗易懂的。由一个人来读报本身就已经比较枯燥,如何让电视观众对这种节目形式保持一定兴趣?读报节目主持人应该把来源于报纸杂志的书面语转化为生动形象的口语,像讲故事一样把信息传递给受众,这样不但能够很好地增强对象感和交流感,还能够很好地体现新闻读报节目的优势。无论是中央电视台的《媒体广场》《马斌读报》还是地方台的《孟非读报》《T2区》,采用的都是通俗易懂的、接近日常口语的语言。

3. 巧妙串联编排

相比较阅读报刊而言,收看电视新闻往往更加方便。电视声画合一的特点,为更广泛的受众提供了便利。新闻读报节目不仅有深刻严肃的评论分析,也有轻松幽默的社会逸闻,软硬新闻兼备,图片、文字、评论和调侃穿插。为了增添交流感和亲切感,新闻读报节目还采用多种方式同受众实时交流,受众可以对当日新闻和主持人提供的话题发表观点和看法,既增加了节目的互动性,又为节目增添了一些生动性。

4. 语言个性鲜明

主持人往往是新闻读报节目的灵魂,要想做出一道色香味俱佳的电视"大餐",光有丰富多样的新闻"材料"和精挑细选的编排"调味"是不够的,主持人必须掌握"火候",最好还要手握几道独门"秘方"。尽管有人戏称凤凰卫视的杨锦麟"老杨读报,吓我一跳,国语不准,英文走调",但他仍凭借资深的新闻采编从业经验,犀利、独到的新闻点评在读报节目主持人中独树一帜。也有人说马斌的语言比较"贫",可是播音主持科班毕业的马斌语言表达准确生动,"贫"得颇见功力,他的从容、质朴又极具亲和力的主持博得了不少受众的欣赏,使《马斌读报》颇受关注。江苏电视台城市频道《孟非读报》的主持人孟非,不但运用日常口语来讲述大事要闻,还常常用生动的南京方言把新闻形象地传播出来,这不但让这个城市频道的新闻具有很强的地域性,还让孟非在节目中的表现充满了个性特点,为该栏目赢得了一席之地。

喻国明教授强调读报主持人要练内功。一位主持人要有关于社会、政治和经济等方面的积累和把握。"他对'说什么''不说什么',应该有一个价值标准;对'怎么说',也应表现出作为一位主持人的高度。"而对于表达形式,他认为是次要的。"说得快未必不好,而北方人的幽默或是南方人的细腻,也同样是一种魅力。新闻在于价值判断,看问题要一针见血,给人以力量和启发。"

另外,我们在新闻读报节目当中也发现了这样一些问题:

一是信息丰富,广而不深。新闻读报节目受客观条件的制约,必须把新闻浓缩,以简单的方式梳理、编排后传送给受众。受众能"概览"天下大事,却无法深入了解某一事件。凤凰卫视《有报天天读》节目时长25分钟,平均每期有四五十条新闻信息,加上点评平均几十秒钟就要报一条。中央电视台经济频道的《马斌读报》在15分钟内有一二十条新闻。"海量信息"决定了快节奏的播报速度,更决定了主持人只能对标题做个介绍或以寥寥数语来概括文章大意,不可能深入细致地分析每一则消息。主持人有时还要感慨一番,就更加压缩了新闻本身传递的信息量。新闻读报节目信息缺乏厚度和内涵,显得苍白、仓促。它带给人们的常常只是粗线条的信息轮廓,无法给受众足够的"背景"和"细节"。

二是摘编过多,信息雷同。新闻读报节目的定位决定了它只能筛选、过滤报刊上的信息,没有自采节目、原创节目独有的视角,就像一把信息的"筛子",没有深层次的加工和处理。《马斌读报》的内容就常常与《第一时间》和《全球资讯榜》相同,甚至主持人的评论都一模一样,如果受众恰巧读过报纸,易造成信息的浪费。再者,电视读报是对报刊信息的二次整合,存在着信息变异甚至失真的可能。报刊文字是用眼去读的,电视新闻读报节目往往偏重于口语化,强调感性内容,缺乏文字的严谨与逻辑,有可能造成信息模糊甚至出现误读。

三是人云亦云,形式单调。越来越多的新闻读报节目亮相荧屏,可给人留下深刻印象的并不多。新闻读报节目不像其他自制类电视新闻节目有故事、有现场、有冲突,如CBS经久不衰的《60分钟》,可以带给受众亲自侦破案件的感觉,大多数新闻读报节目在编排上都流于一种简单模式的重复,即"报纸版面＋解说",难免给受众以单调乏味之感。荧屏上的报纸版面经过微缩后不是很清晰,多数只能看清几行标题,还总是一闪即逝。

另外,新闻读报节目毕竟是以张嘴"读"的方式传播,故事再精彩也只能靠主持人的一张嘴来讲述,而无法将曲折的故事生动再现;报刊的观点再深刻也只能由文字转变成口语,而主持人以一人之口无法准确传达多种观点。如果只是人云亦云,毫无生机,就把"读报"节目做成了"念报"节目,节目价值大打折扣。《马斌读报》和《有报天天读》很好地结合音乐、书法、动画等手段,在节目编排中加入一些合适的音、画因素,让这些素材更好地诠释节目内容。主持人也常常运用一些肢体语言,辅助传达信息。

四是主观性强,易产生误导。电视读报是对报刊信息的二次传播,主持人的再次演绎必然存在着自己的理解取舍甚至发挥,难免煽情,甚至夸大事实,歪曲原意。主持人为了追求个性,往往以不同的形式对报刊新闻做一番点评,其中一些点评比较睿智,另有一些则过头了,主要是评论过多地引申导致与报刊文章原意不符。新闻读报节目本来就是不完整的"介绍",加上主观色彩浓厚的解读,必然会造成信息的失实和误传。

新闻读报节目应该注意评论的"度",使之恰到好处。这里的"度"是指读报时一是不要轻率地点评;二是即使点评也要恰当、有根据,不要不着边际、过多地引申。评论应当是从新闻事实中得出的,要忠实于报刊原意,不能随意添油加醋,更不能歪曲原意。主持人本身也要有深厚的知识积累、不同凡响的洞察力和良好的职业道德。

思考和练习

1. 新闻读报和传统意义上的消息播报有什么异同?
2. 新闻读报节目主持人的语言有什么特点?除了有声语言,副语言在传播中起到了什么作用?
3. 你喜欢哪些新闻读报节目?该节目主持人有哪些优缺点?
4. 自己模拟策划编播一档新闻读报节目。

第五节 补充练习材料

一、新闻人物专稿

1.【我从基层来】梁云英：发展黄茶产业 推进乡村振兴 殷其龙：助力出租车行业健康发展

在今年的全国两会上，很多来自基层一线的代表结合各自的工作实际，把经过深入调研、关注民生的意见建议带到大会上，认真履职尽责，建言献策。

梁云英：发展黄茶产业 推进乡村振兴

梁云英是湖北孝感大悟县朱湾村党支部书记，作为来自大别山区的全国人大代表，她一直关注发展当地茶产业，推进乡村振兴。

位于大别山腹地的大悟县茶园面积有30万亩，但梁云英发现，这里的夏茶、秋茶因不能储存，形不成致富产业。去年，梁云英走进河南信阳、安徽金寨等茶叶产地调研，还到安徽农业大学听专家建议。得知可以通过技术和半发酵创新工艺，用夏秋茶加工开发黄茶，在当地政府的支持下，一条黄茶加工生产线在朱湾村建成，日加工鲜叶8,000—10,000斤。

今年两会，梁云英带来"发展黄茶产业 促进乡村振兴"的建议，希望通过产业发展，让老百姓的日子越过越好。

殷其龙：助力出租车行业健康发展

殷其龙是一位开了20多年出租车的驾驶员，随着网约车的兴起，在方便百姓出行的同时，殷其龙也开始关注出租车和网约车统筹发展的问题。

为了让自己带到大会上的建议更有说服力，殷其龙在工作间隙听乘客意见、与司机师傅交流、探访民情、征集诉求，还走进出租车企业调研，了解行业发展现状。

综合多方意见后，今年殷其龙提出建议，包括要从政府管理、支持政策和资本平台资源等方面明确平衡供需，合理规划，做好驾驶员权益保障等。

（《新闻联播》2024年3月6日播出）

2.【筑梦现代化 共绘新图景·代表委员履职故事】姜明：守护黑土粮仓 保障国家粮食安全

　　黑土地被誉为"耕地中的大熊猫"，是我国最重要的粮食生产基地和商品粮输出基地。全国政协委员、中国科学院东北地理与农业生态研究所所长姜明，多年来带领科研团队走乡村、串农户，解决黑土地保护上的难点、痛点，为守护黑土粮仓、保障国家粮食安全贡献力量。

　　为了进一步了解黑土地种植区农户在耕地中遇到的问题，春节前夕，姜明和农业科技人员来到长春市农安县合隆镇陈家店村，与当地农户展开座谈，倾听大家对免耕技术推广的建议。

　　加强黑土保护与利用协调，筑牢农业发展根基，是保障国家粮食安全，推进农业绿色转型发展的大事。姜明说，要想保护好黑土地，又让老百姓每年增产增收，关键是多听百姓心声，多实地调研，有针对性地搞好土壤监测和研究工作。去年担任全国政协委员后，姜明首次提出了建设黑土地土壤产能数字模拟大科学装置的提案，希望可以更加科学精准地评估土壤产能和促进地力提升。

　　2024年中央一号文件明确指出，要加大黑土地保护工程推进力度，实施耕地有机质提升行动。今年两会，姜明还将围绕如何应对秸秆打包造成黑土流失的问题提出提案。

（《新闻联播》2024年2月25日播出）

3. 白晓颖：坚守报国情怀 矢志研战为军

　　军事科学院军事科学信息研究中心副主任、研究员白晓颖，作为高层次人才被引进到军队文职人员队伍。多年来，她怀揣报国情怀，开展军事科学信息研究工作，为数据赋能部队战斗力生成贡献智慧和力量。

　　前不久，白晓颖带领科研骨干来到陆军某部开展调研服务活动，深入了解一线作战部队开展精准对接服务。像这样的调研服务已经成为白晓颖工作中的重要一环。2019年，军事科学院面向社会广泛延揽人才，作为清华大学副教授的白晓颖，怀着对国防科技事业的满腔热情毅然选择加入，成为一名军队文职人员。

　　为了尽快完成由地方科研人员到军队文职人员的转变，白晓颖刻苦钻研军事信息和军事战略管理等方面的知识,有时为了一个项目每天早六点进入工作状态,直到深夜才休息。靠着这股冲劲,白晓颖迅速了解了军队信息化建设与作战应用等方面的需求,梳理出关键技术问题,凝练出独具特色的研究方向。

2022年,白晓颖领受了某网信建设任务。她带领团队攻克了数不清的各类技术难题,使数十个单位的系统"无感迁移"到同一张网,任务圆满完成。这几年,白晓颖瞄准部队建设和军事斗争准备急需,发挥自身专业优势,持续加强科技赋能战斗力建设,形成的多项研究成果在部队落地开花。

(《新闻联播》2024年1月31日播出)

4.【大国工匠】程平:用焊花熔铸匠心

我国风电装机容量稳居世界第一,在迎风运转的十多万座风机背后有着一批推动中国风电产业快速发展的技术工人。今天的《大国工匠》,我们来认识中国华能集团的高级焊接技师程平。

龙沼风电场位于吉林省西北部的松嫩平原腹地,119台风机每年提供的16.1亿度绿色电能源源不断地送往华东地区。今天,程平就要登上这座风机进行焊接作业。乘坐电梯上升80多米后,再经过20多米的攀爬,他们来到了位于110米高空的机舱。

风机机舱内只有30来平方米,挤满了各种机器,活动空间十分有限,程平与同事今天要进行的是刹车卡钳底座配件的焊接试验。刹车卡钳是控制风机旋转的重要设备,瞬间刹车可产生50吨的牵引力,如果损坏,会让整个风机失控,甚至塔筒断裂,造成飞车事故。

如今,我国风电已步入超大风机时代,叶片长度突破百米大关,正向着140米进军,程平他们要进行的加固试验将为大型号风机加上一道安全锁。

龙沼风电场位于多风地带,经常出现的风沙天气会影响风速仪正常运转。焊接前,监测员要对风速仪进行检查,对风力进行准确测报,帮助程平做好持枪的稳定性。

风速仪运转正常后,程平开始了焊接。要把手掌大的配件焊接到铸铁底座上,在U形槽里把焊料一层层堆焊成焊肉,使部件紧密连成一体,任何细微失误都关系到成败。因为位置受限,程平只能半跪着。焊接过程中,舱体随着风速的变化会晃动，幅度忽大忽小，程平必须屏住呼吸，紧紧靠住机舱壁，在身体晃动的同时，保证焊枪在宽度不到2厘米的U形槽里小幅摆动，每焊接30毫米立刻进行一次锤击。这样反复地焊接、锤击，6个小时后，焊接终于顺利完成。

多年来，程平执着专注，精益求精，与工友们完成了无数次焊接任务，他还成功解决了一项"卡脖子"难题，发明了真空罩焊接工艺，用一层层堆焊修复了发电设备阀芯，而每个焊层的厚度都精准地控制在1毫米以内。目前，这一技术还被应用于深海探测锭子焊接等多个领域。

(《新闻联播》2023年4月29日播出)

5. 冯士友：用忠诚奉献坚守机要交通线

冯士友生前是党的机要交通战线的一名交通员，他忠诚于党，勤勉敬业，扎根机要交通岗位24年，用生命诠释了一名"党的红色传令兵"的初心和使命。

冯士友，1956年出生在江苏省连云港市灌云县。1988年，江苏省委办公厅机要交通处成立，冯士友经组织批准成为一名机要交通员，这一干就是24年。每年冯士友经手发放的纸质文件有100多万份，无一错漏。2011年8月一个星期六的清晨，冯士友与同事执行任务从北京乘列车返回南京。和往常不一样的是，前来接站的同事发现冯士友走路有些恍惚。回到办公室，冯士友示意同事先去完成任务，自己躺一躺就好。然而，等同事交接完再回来时，发现他已瘫倒在地，神志不清。经紧急送医检查，冯士友被诊断为突发性脑干出血。虽经全力救治，终因病情恶化去世，生命永远定格在55岁。

冯士友的父母是连云港东辛农场退休职工，家中兄妹5人，他是老大，父母平时的生活开销、医疗开支主要靠冯士友补贴，他妻子腿有残疾，又患有眼疾，需要长期用药。即便紧着过日子，冯士友也从不占公家一点便宜。如今，冯士友生前归纳总结的文件分发、台账登记、文件清退等方面的工作方法经过长期实践检验沿用至今。

(《新闻联播》2023年8月11日播出)

6. "党的红色传令兵"——边巴

西藏自治区党委办公厅机要交通处原副处长边巴多年来在雪域高原安全及时

传递党的治边稳藏号令和雪域儿女的心声。2015年,边巴在执行任务时突发疾病,生命永远定格在了50岁,他以实际行动践行了一位共产党员的初心使命。

1981年,16岁的边巴在拉萨中学圆了当兵的梦想。新兵训练结束后,他提出去边防一线工作。

转业后,边巴一直保持着军人的优良作风,在机要交通员的岗位上,多次被评为先进工作者、优秀共产党员。机要交通员的核心职责是护送党的重要信息,保障党中央的政令畅通,被称为"党的红色传令兵"。听从组织的安排,2011年,边巴到那曲驻村,村子在平均海拔5000多米的申扎县曲松普村,这里海拔高、天气寒冷、风沙周期长。

驻村期间,边巴多方筹措25万元资金,建成村民期盼多年的桥梁,牧民放牧时再也不用冒生命危险蹚水过河,还帮助村里建起第一座大棚,让村民们吃上新鲜蔬菜。

圆满完成了驻村工作后,边巴重新回到机要交通的岗位上。2015年9月21号,边巴在执行任务时突发疾病,因公殉职,年仅50岁。

(《新闻联播》2023年8月10日播出)

7.【团结奋斗 忠诚履职】黄花春:让乡村孩子获得优质教育资源

黄花春是广西崇左市高级中学副校长,在一线教育岗位工作了20多年,如何让偏远地区的孩子享受到优质均衡的教育资源,始终是她最关心和关注的问题。

新学期一开学,黄花春来到县里的中小学调研。边境民族地区的中小学校基础教育质量如何提升,课后服务如何更有效地开展,都是调研中黄花春最关心的问题。

近一年来,黄花春调研走访了广西几个边境县市的17所学校,她发现在不少城镇学校,大多数学生课后服务时间都能有效地开展文体活动,内容也更为丰富,但农村地区课后服务开展情况并不理想。

面对乡村学校缺乏专业文体教师,文体活动器材和设施不足的实际情况,黄花春也在不断思考,如何充分利用农村农家书屋、农村文化活动室等公共资源,作为向学生提供课后服务的补充。今年全国两会期间,她将重点对如何更好地开展农村学校的课后服务等问题建言献策。

(《新闻联播》2023年2月20日播出)

8.【大国工匠】曹毅：逐梦太空的"帆板王子"

"嫦娥"揽月、"天问"探火、"空间站"遨游太空，在一系列国家重大航天工程的背后，是无数能工巧匠的支撑。今天的《大国工匠》，我们就来认识航天科技集团特级技师，被称作航天制造领域"帆板王子"的曹毅。

在航天科技集团八院的空间飞行器总装厂房，一艘神舟飞船的太阳帆板即将开始安装调试的工作。

太阳帆板是飞行器最重要的组件之一，飞行器在太空中主要的动力都来自它。这其中的关键零件就是铰链机构，它类似于门的合页，通过它的打开来带动帆板的展开。由于太空环境复杂，因此铰链的精度要求非常高，允许的误差只有 0.05 毫米。曹毅调过的铰链机构可以做到零误差。

1997 年，曹毅被选入八院载人航天工程总装团队，进行神舟一号飞船太阳帆板的首次总装。这是一个全新的领域，由于没有现成的经验可供借鉴，大家只能边操作边摸索。经过一个月，总算是把帆板装起来了，然而，一做试验却给了他们当头一棒。

眼看着发射日期越来越近，问题却始终无法解决。在排除了一个又一个因素之后，曹毅把目光盯向了连接铰链和帆板的钢丝绳。

神舟一号飞船的成功发射是中国载人航天工程的首次飞行，曹毅参与研制的太阳帆板在太空中顺利展开。

30 多年来，在曹毅的手中，"空间站"实验舱、"神舟"系列载人飞船、"天舟"系列货运飞船全部实现了太阳帆板在轨展开"零故障"。他牵头研制的装置获得 5 项国家专利，大家都亲切地叫他"帆板王子"。如今，年过半百的"帆板王子"依然奋战在总装的一线，迎接新的更大的挑战。

（《新闻联播》2023 年 4 月 30 日播出）

二、新闻读报节目

1. 凤凰卫视《有报天天读》（节选）

有报天天读，新闻点点评。我是杨锦麟。

告了两天假，去了广东的潮州，参加那里的文化旅游节。

千年古桥广济桥重新通车,目睹了一个很壮观的场面,同时也见到了文怀沙大师。大师曾经留下了一个对子,他是这么说的:老来尤剩两行泪,半累苍生伴美人。像老人家活得那么潇洒,那真是人生一大快事。可是我们当下活得实在是太拘谨了,一会儿见。

好,继续我们的新闻。

韩国的《朝鲜日报》说,教育工作者们请向中国学习。他们到浙江的温州,发现温州的商人英文的水平提高得让韩国人吃惊,认为从这一点来讲呢,韩国的教育工作者大概没有像温州商人那样从小对孩子进行赚钱的教育。

《东亚日报》说,美国的众议院说 26 日正式提出慰安妇的议案。对日本来讲,这不是好消息。

那么《亚洲时报》谈到了俄罗斯还有一些发展中国家出现了一些政经勾结的"三分之一"的潜规则。俄罗斯在苏联解体之后这"三分之一"的潜规则大行其道。

……内地的很多媒体说,前五个月全国检察机关立案侦破了渎职侵权罪 2000 多件,有 3000 多个渎职官员被立案侦查。那么《21 世纪经济报道》访问了全国最高人民检察院最高反渎职侵权厅副厅长宋寒松,他说渎职侵权会比贪污受贿的后果更为严重。银监会怎么回事呢?严查 50 亿的信贷入市,违规的支行长下课。

大批的七一要到香港的游客,由于出入境管理处计算机系统升级,往来港澳通行证办理时间比较长,很多人被迫取消行程。

重庆的市民为儿子取了一个八个字的长名字,名字叫欧阳成功奋发图强,结果公安局说名字太长了,没有办法给他注册。虽然长名字好听,上学要学写名字的时候孩子一定是泣不成声:这老爹怎么给我取这么长的名字,写一个名字可能要半个小时。

天天头条。

山西黑砖窑这件事有进一步发展,《文汇报》说,公安部派员查黑砖窑,严惩渎职警察,但是到目前为止没有一个官员被问责,黑窑工哭诉:曾经目睹两个工友活活被打死,而且有两只狼狗整天看着他们。

《联合早报》说,山西黑砖窑的工头多来自河南,带来的打手相当残暴,自己人打自己人,"老乡见老乡,背后开启机关枪",这下手真的很狠。

《明报》说,奴隶的砖窑肆虐至少有九年,也就是说九年以前湖南省一个人大代表已经发现了这个问题,曾经营救了100多个奴工,这个奴工现象九年了还是没办法根治。

《21世纪经济报道》说,全国总工会的负责人说,黑砖窑案为恶势力团伙犯罪,也就是说当地政府据说采取了有效措施,抚慰农民工是对的,但是不能够替代当事人和当地政府失察所应该承担的法律责任。

好了,《纽约时报》说,巴格达又开始爆炸。"咣"的一声数十个人死亡。

《英国卫报》说,切丽·布莱尔太太曾经反复地建议她丈夫炒掉布朗,幸好没有炒掉,但是因为两人关系不和,影响了工党政府的顺畅运行。哎哟,真是英国的武则天也在那儿干政预政。

《国际先驱论坛报》说,雅虎的原创人也就是杨致远重新当任CEO。雅虎这些年亏损得一塌糊涂,所以呢,还是要原创者出来力挽狂澜。

《泰晤士报》说,古巴悼念逝世的女英雄,劳尔·卡斯特罗的夫人埃斯平18日在哈瓦斯逝世,享年77岁,她是古巴最有权力的人物之一,是古巴非官方的准第一夫人。

《中国日报》和《人民日报》分别谈到胡锦涛主席出席中日青年世代友好论坛,温故知新、传承友好。就是那些84年,当年参加老一辈中日友好的年轻人如今已是壮年,他们又欢聚一堂。当时我们也注意到一点,中曾根康弘的要求是这一次北京论坛之后到江西亲自去拜见胡耀邦总书记的坟墓。

有的媒体报道说,美国据说在必要的时候会摧毁大陆的北斗导航卫星,这事情台海认为,假设的对抗地是在太空,也在台海。那么作战计划,美国制订了多个打击中共的远程作战计划。

好了,这是《曼谷邮报》,他信被下令回国,不要整天在外面打高尔夫球,你不回国我就逮捕你,也就是说资产问题。看来呢,泰国政府也就是军政府有关的事情会激怒国内的政局的对立面。

好,这是《时代周刊》最新一期,谈到人类都吃了些什么。食品问题在西方主流媒体现在成了重中之重。

(2007年6月20日播出)

2. 江苏电视台城市频道《南京零距离》的《孟非读报》（节选）

感谢您继续收看《南京零距离》，我们来看今天《扬子晚报》的一篇评论：据4月3日《每日经济新闻》报道，4月2日是"个税申报"的截止日期。截至3月29日，年所得12万元以上纳税人自行纳税申报137.5万人。从已申报人员结构看，仍然由工薪阶层唱主角，私企老板、自由职业者寥寥。按规定，纳税人逾期不纳税申报，由税务机关追缴其不缴或者少缴的税款及滞纳金，并处以罚款。

这篇评论的基本观点我是赞同的，但是我还觉得这不仅仅是文化层面的东西。纳税，古今中外都是应尽的义务，偷税漏税都是违法行为，哪个国家、社会都是一样的。可是为什么现在那么多企业、那么多个人存在偷税漏税的情况呢？最近炒得沸沸扬扬的新百税案就是最新的一个例子。

我们首先应该知道国家的税收主要用在什么地方，主要有两个用途，第一是用来供养政府机构和政府人员；第二个是取之于民用之于民的社会福利和社会公共事业。分析刚刚提到的两个用途，我们不妨从这样两个角度来入手。我们来看一看：如果要说咱们中国的纳税人承担了世界上最庞大的公务员队伍，可能有些人会说，不是废话吗？咱们中国人最多，相应地公务员队伍也是最庞大的，这有什么奇怪的呢？不是这样的，我们做任何事情的比较都应该有两条线，一个是纵向比，一个是横向比。什么是纵向比？就是自己跟自己比，跟过去比，然后再横向跟其他国家比，这样才能够得出一个最正确、最客观公正的结论。我们先来跟自己比，我手上有个资料，全国政协委员国务院参事，叫任玉岭，他提供了一个参考数据，说咱们国家现在的官民比例是多少呢？26∶1。这是什么意思呢？就是老百姓和官员的比，叫作官民比。多少个老百姓养一个官员呢？现在是26∶1。这个数字光听的话你不知道是高还是低，现在告诉大家，这个数字比咱们国家汉朝的时候高了多少呢？高了306倍，比清朝的时候高了多少呢？高了35倍。好你说那都是古代，咱们不比了，咱们就跟改革开放的时候比，改革开放之初咱们的官民比例是多少呢？67∶1。10年前是多少？是40∶1。现在，26∶1，这个数字增长之快，史无前例、世界罕见！这是一个非常重要的背景资料，这是纵向的比。待会儿我们再说横向的。

按照国际通行的原则，公务员指什么？公务员仅仅指政府官员和政府雇员，国家的财政只供养这两种人。但是咱们的国情是，我们的公务员队伍，或者说享受公务员待遇、吃财政饭的人远远大于这个通行的原则,具体我不说了,大家心里都知道哪些人在"吃皇粮",这个比例实在是太大了,很多人永远都不会忘记朱镕基同志曾经在一次记者招待会上对中外记者说:"长期以来,我们的财政就是一个吃饭的财政,说白了就是养活人的财政,我们的钱主要都用来做这方面的事情,而用于社会保障、社会福利这方面的事业的资金真是太少太少了。"这是一个非常重要的背景。

这篇文章又通过举例子提到了丹麦,说丹麦是世界上最快乐的国家,也是贫富差距最小的国家,说丹麦这个国家是高福利同时也是高税收的国家。很多发达国家它的发达都体现在这儿,福利高,同时税收也非常高,即便是像古巴这样的发展中国家,经济显然不如我们发达,但是他们的社会保障体系,像什么全民免费教育、全民免费医疗做得都非常非常好,这个我在以前的节目当中说过的,而我们的国情是,由政府提供的公共产品非常匮乏,这种例子天天都有。昨天《零距离》我们报道了一对父子,一对养父子啊,那个被收养的儿子因先天的残缺被遗弃,现在这名父亲老了患了癌症。这么窘困的一个家庭,父子二人相依为命、不离不弃,非常感人。片子播完了之后,很多观众从家里打车跑到电视台,眼含热泪地给我们捐款。从《零距离》开播到现在,作为一个主持人,我看过这样的(例子)实在太多太多了,我们每次都被这些善良的人们所感动,但是感动完了之后我经常说不出来话,因为我不知道我在这儿能说什么。我不能不想一个问题,就是当人民在遭受意外不幸的时候,我们社会的保障机制在什么地方?现在对很多老百姓来说,不是这个保障水平的高还是低的问题,而是我们有还是没有的问题。百姓的捐款和他们的善良,能够在多大程度上改变这个整体的社会面貌?我们得想这个问题。报纸在举丹麦这个例子的时候说,丹麦人的觉悟很高、热情很高,是因为什么呢?因为丹麦人不希望看到大街上有任何一个穷人。是啊,听起来非常让人向往,但是大家想一想,人的本性的差距并不大啊,咱们中国人不是一样善良吗?我们不是也一样不希望在街上看到穷人吗?我们也不希望看到别人受苦受罪。但是我们得想一想,纳税人纳的税有多少、有多大的比例是取之于民用之于民地用到了社会保障这些方面呢?我想这是很多纳税人心里都存在的一个问题。我们作为一个新闻媒体,作为一个社会工作的人都希望呼吁社会的良知。但是我们比谁都清楚,人民生活的保障不能仅仅靠人们的善良来维系,它需要靠政府来提供,这个保障就是应该来自纳税人的。行,很多问题的根源就在这儿,我们今天的头三条新闻都跟医疗有关,跟医疗有关的所有问题我曾经讲过,这个那个方案没多大用,根源在什么地方谁都知道,政府投入不够。可是新的医疗体制方案呢,迟迟没有出台,遥遥无期。只要政府加大投入,其他那些技术性的问题都不是问题,都能解决。

一个是医疗,另一个是教育。身边有《晨报》的观众看看今天 A16 版上,《晨报》的编辑把《中国青年报》和《山西晚报》的两篇稿件放在了一起做了一个比较。一篇报道说的是在山西某个地方,一个村里的小学,130 多名学生和老师挤在一个已经被认定为危房的校舍里上课,那个村干部还和那个房东签订了一个生死合同,说如果房子塌了压死人不负责任。我们的老师和学生就在这样一个随时都可能塌下来死人的房子里教书和念书。另一张照片和文章在旁边,同一个地方它的煤矿安监局,山西出煤,很多煤老板都是山西的,中国很多暴发户都是挖煤挖出来的,那个煤矿安监局一共 10 个人,享用着 40 多间面积超大带卫生间的办公室,一共 10 个干部,有 9 辆公车,就在山西这个地方,同一个地方。两篇文章配发了两张照片,看到对比这么强烈的两篇报道和两张照片,我们在开头提到的这个问题,偷税漏税问题怎么这么严重的这个问题,恐怕就找到了答案。

纳税,在今天来说,不仅是每个公民应尽的义务,它同样也包含着一种信任,不要辜负了这种信任才是解决之道!

今天读报就说这么多。

(2007 年 4 月 4 日播出)

第四章 电视新闻访谈

随着电视新闻事业的大发展,电视新闻节目的种类也不断丰富。新闻报道单单传播消息早已不能满足受众对新闻信息的需求,很多颇受关注的热点、焦点新闻需要多角度报道和深层次挖掘,需要有相应的新闻节目类型,这个时候电视新闻访谈类、调查类节目便应运而生。

虽然同属新闻类电视节目,但是电视新闻访谈类和调查类节目中播音员、主持人的工作情境及语言表达样式有所不同。在本章中,我们就电视新闻访谈类节目中主持人的语言创作和表达进行解析,并结合具体节目文案,帮助读者理解和掌握电视新闻节目中访谈的一些知识、技能。

电视新闻访谈与报纸记者、电台记者为撰写稿件所进行的采访有很大的区别,与单纯利用声音进行传播的广播访谈也有不同。本章将介绍电视新闻访谈的特点、类型、基本技巧及电视技术因素对访谈的影响等内容。

第一节 理论概述

一、电视新闻访谈的界定

电视新闻访谈是电视记者、播音员、主持人直接出现在屏幕上对新闻事件当事人或相关人士就新闻事件或新闻观点进行采访。有的节目完全由电视新闻访谈构成,被称为电视新闻访谈节目。有的节目中穿插电视新闻访谈,对画面内容做深入的解释或补充,以弥补画面的不足。

电视新闻访谈可以通过当事人之口,真实地介绍事件过程,表达认识和看法。它省却了四处奔波拍摄实景的过程,可以借助语言快速获得信息。由于语言出自当事人之口,具有可信性,它成为来不及拍摄现场画面、事件发生后无法再获得电视画面以及涉及思想认识和看法等不便于画面表现时,较为真实地传递信息的常见方式。电视新闻访谈几乎在各类电视节目中都有用武之地。

二、电视新闻访谈节目特点

1. 采访过程公开

电视新闻访谈中采访者与被采访者的相貌、采访地点、谈话过程都显露在屏幕上,让观众听得清、看得明。具有声音和图像的电视新闻访谈最公开透明。

2. 表达手段丰富

电视新闻访谈不仅能让观众知道被采访者说什么,听到他们的声音,还能让观众看到他们的真实形象、动作、表情。表情、动作等具有传情达意的作用。在电视新闻访谈中,采访者和被采访者都可以利用自己的动作、表情来表达自己的感受和看法,补充语言的不足,加强语言的感染力。

3. 需要团队合作

有时为了使画面同时有多角度选择,需要有两台以上的摄像机拍摄。拍摄时还需要灯光照明,话筒如何安置也需要考虑。另外,场景的选择、布置,采访者与被采访者采用何种姿势,穿什么服装,是否需要化妆等一系列细节和技术问题都需要专门的工作人员配合。电视新闻访谈无论是在现场,还是在演播室,都不是一个人能够完成的,通常需要一个多人采访组,大家各有分工,相互配合。

4. 整体要求严格

采访者不一定漂亮,但应让观众感到舒服、可信,有亲和力。其语言和副语言应自然、大方。电视新闻访谈需要采访者具有新闻素质和广博的知识。因此,不是所有的播音员、主持人都能成功地做好电视新闻访谈节目。

电视新闻访谈对被采访者也有一定要求。有些外貌特殊的人可以接受报刊记者、广播电台记者的采访,却不适宜在屏幕上出现。有些人因职业、身份要求,也不适宜在屏幕上出现,例如从事秘密工作的人员,需要保护的证人,在屏幕上出现后可能危及其安全、妨碍其正常工作和生活的人员。有些人在镜头前或强烈光线下过分不适,影响采访正常进行,也不适合成为电视新闻访谈的被采访者。

三、电视新闻访谈类型

电视新闻访谈种类繁多,我们可以从不同角度对电视新闻访谈进行分类:一是根据访谈地点划分,主要有现场采访和演播室访谈;二是按采访目的划分,主要有人物访谈、事件访谈和观点访谈;三是依据被采访者的数量划分,主要有单人访谈、多人座谈;四是根据节目制作过程划分,主要有直播访谈和录播访谈。

四、电视新闻访谈节目的准备和过程把握

要做好电视新闻访谈节目,必须把准备工作做好。有的时候准备工作可能不是主持人一个人完成的,但是最终呈献给观众的访谈过程是由主持人一个人与采访对象来完成的,所以访谈节目主持人应该积极主动地参与到节目的前期准备工作当中。我们在电视新闻访谈节目的准备和过程把握中应该注意以下环节。

1. 选择话题

选择话题是至关重要的。

(1)要选择大众关心、希望深入了解的话题。电视新闻访谈节目的话题确定应该和某一时段的舆论宣传导向相结合,这样才能真正起到良好的宣传作用。

(2)可以选择有新意的旧话题。选择旧话题并非不可,但是旧话题一定要能够访谈出新意,能挖掘出新的新闻点。比如高考的话题,年年都在谈,但是在2017年意义就不同了,因为这一年正好是恢复高考40年。这40年来高考发生了哪些变化,是旧话题能够谈出新意的地方。

(3)话题应当具体,不要选择空泛的话题。话题应该越具体越好,那些抽象空洞的说教只能让受众感到乏味。比如谈到营造和谐社会,如果都是抽象的理论,不但几十分钟的节目做不完,恐怕受众对说教也不感兴趣。但是如果从老百姓身边的某件具体的事情说起,可能效果就会完全不同。

(4)根据节目定位和时间安排确定话题。任何一档电视节目都有一个目标受众群体,少儿节目锁定的是少年儿童,老年节目锁定的是老年人,体育节目锁定的主要是体育迷。同样,任何一档电视新闻访谈节目也应有目标受众群体,也都有时间限制,这就要求电视新闻访谈节目必须有一个定位,包括内容的定位、形式的定位。比如《焦点访谈》关注社会的焦点,《高端访问》谈的都是高端政治问题,《新闻会客厅》内容包罗万象等。

2. 采访步骤

(1)明确节目策划和采访目的。明确目的非常重要,任何一档节目不可能漫无目的地进行访谈,所以在进行访谈之前就应该确定好节目的访谈目的以及具体流程和安排。

(2)研究和访谈相关的背景材料。访谈节目由于受到节目定位和时间的限制,只可能选择某一个或几个话题进行深入探讨。在进行节目录制之前,所有编播人员都应该充分地掌握相关背景材料,这是确保节目能够深入下去的关键环节。

(3)提前预约相关采访对象和当事人。事先联络和预约采访对象或者先期录制短片的被采访者,这除了出于礼貌,还因为充分的准备工作往往是节目成功的基石。

(4)根据文案制订采访计划。一档访谈节目的策划案只是一个大的、宏观的框架,具体实施时必须有一个明确的采访计划,有时还必须针对这个计划设计几套方案,预测可能会发生的情况。

(5)按既定计划采访被采访者并恰当切入话题。在节目录制过程中,嘉宾如约而至,主持人要根据嘉宾的性格、特点以及兴趣爱好等寻找恰当的切入点。

(6)预热后开始正式采访。调动现场观众等热场工作都应该在正式录制之前完成,当节目正式开始录制的时候最好开门见山地进入话题。

(7)和访谈对象建立平等融洽的关系。为了更好地进行访谈,主持人应该营造一种融洽的氛围,这种氛围能够打消嘉宾的紧张心理,有助于其畅所欲言。

(8)适时提出尖锐敏感的问题。一档访谈节目谈论的如果都是众所周知的话题或是细节,受众会失去兴趣,因为他们更想了解还不知道的信息。主持人在开始访谈后可以渐渐过渡到一些敏感问题。之所以请来被采访者正是因为其目前具有新闻价值,而往往这些敏感问题在媒体中又没有一个定论。对于这些敏感问题,有些嘉宾比较配合,也有些嘉宾并不愿意在节目中谈及,这时候主持人除了要尊重嘉宾选择外,还应该拿捏好分寸。适当地刺激有助于激起嘉宾的表达欲望,但是绝对不能过分。

(9)恢复融洽的访谈关系。经过一番热烈或者深入的访谈之后,主持人需要和嘉宾恢复融洽的访谈关系。主持人可以就访谈中故意设计的一些细节进行解释或者说明,以免嘉宾产生误会。

(10)结束采访。访谈结束,主持人感谢嘉宾和现场观众,同时也感谢电视机前的观众朋友们的收看。

3. 基本要求

一个优秀的电视新闻访谈节目应当满足以下几点要求:

(1)访谈应满足节目既定的要求,达到预期结果。确信访谈涉及的话题是节目目标受众所感兴趣的。

(2)满足节目本身和演播的要求。如开头和结尾得体,访谈过程顺畅,访谈内容饱满等。

(3)设法从被采访者那里获得独到见解。但要注意被采访者的独到见解是否客观,要注意正确的舆论导向。

满足以上要求,需要采访者具有高超的采访技巧和现场控制能力。想获得经验和能力,除了专业技能的积累和实践以外,还需要学习和了解人际交往的有关知识。

4. 注意事项

(1)主持人要配合访谈环境采用合适的语言和表达。主持人的有声语言表达用什么样的音色、音量,用什么样的措辞等都应该根据具体情况而定。无论是采用坐姿或者站姿,主持人都应该形象端庄、落落大方。

(2)主持人应该充分调动和引导被采访者。访谈节目主持人是联系观众和被采访者的纽带,对于某些话题主持人可能知道得比较多,但是也要站在普通电视观众的角度,替电视观众多问一些问题和细节,因为最终的传播目的是让电视观众看明白,满足他们的需求。在访谈过程中,主持人要调动被采访者的交流欲望,使其乐于发言并积极回答每一个采访问题，同时主持人还要引导被采访者的言论不偏离主题。

（3）主持人需要倾听以获得完整的回答。主持人一定要多听少说，毕竟观众想听的是嘉宾的想法和观点。还有很重要的一点就是主持人插话要把握好时机，千万不能抢着说话或者总是打断嘉宾的思路，强加入自己的看法和观点。

（4）主持人适当引导，让回答集中于主题。有些嘉宾说话没有时间观念，有些嘉宾说话容易漫谈或者跑题，主持人要适时地把话题引到既定话题上来，但是方法要巧妙，切不可显得鲁莽不礼貌。

（5）主持人运用各种技巧让不善表达者开口。嘉宾的性格、语言表达千差万别，如何让他们说出受众想知道的信息就完全靠主持人的采访和谈话技巧了。所以，主持人在访谈之前对嘉宾的了解和对话题的准备一定要充分，同时在现场要让嘉宾放松，以便营造一个轻松融洽的访谈氛围。

（6）主持人在访谈过程中始终保持不卑不亢、客观公正。对于一些热点话题或者敏感话题，嘉宾可以说出自己的理解和观点，但是主持人在起到桥梁作用的同时，还要做到不卑不亢、客观公正。

5. 细节处理

电视新闻访谈的过程是完全呈现在观众面前的，观众可以清楚地看到采访者和被采访者的言谈举止。成功制作一档新闻访谈节目，不仅要从总体上把握访谈的过程，还要留心可能使节目留下遗憾的细节。这些细节可能是一句不得体的话语，也可能是一个不适当的动作。总之，观众敏锐的洞察力要求电视新闻访谈节目主持人在镜头前要注意细节，谨言慎行，努力做到如下几点：

（1）认清主宾关系。主持人必须明确自己在访谈节目中的作用，不能在节目当中像生活中聊天一样漫无边际地谈话，而是要带着一定的采访目的进行访谈。主持人还要把控好节目的进程以及话题的方向，不能被善于语言表达的嘉宾带着跑，否则会让观众分不清谁是主持人谁是嘉宾。

（2）注意言谈举止。电视节目传播范围广泛，电视节目当中的细节也颇受瞩目，因此主持人和嘉宾都应该在节目当中注意言谈举止，避免生活中的一些不良动作和习惯，毕竟电视节目无形中具有广泛的示范作用。

（3）学会用心倾听。主持人在访谈节目当中一定要学会用心倾听，除了出于礼貌，还因为嘉宾的谈话具有不可预见性，谈话当中出现的其他值得进一步发问的信息，可能会为节目增添一些新鲜感，所以主持人应该学会用心倾听。

（4）关照现场观众。有些访谈节目除了有嘉宾，还有一些现场观众，有些观众是和访谈话题相关的人或热心关注者。主持人在访谈过程当中适时地和现场观众进行交流，尽可能多听听他们的想法和观点，让访谈节目中有不同观点和意见，能够让访谈更加客观、公正。

思考和练习

1. 谈谈你对电视新闻访谈节目的理解。
2. 你比较喜欢哪些电视新闻访谈节目？为什么？
3. 你比较喜欢哪些电视新闻访谈节目主持人？为什么？
4. 试着分析一下自己适合做哪类电视新闻访谈节目，优势和劣势分别是什么。
5. 自己策划编排并邀请身边师长亲友协助，模拟主持一档电视新闻访谈节目。

第二节　电视新闻访谈实例解析

从主持人语言表达方式上看，目前主流媒体中的电视新闻访谈节目里主要有新闻节目主持人言论、新闻专访、新闻谈话等。下面就这几种类型进行讲解。

一、新闻节目主持人言论

在《现代汉语词典》中，"言论"的定义是："关于政治或一般公共事物的议论。"那么在电视新闻节目中，新闻节目主持人言论专指主持人以个人名义在节目中对新闻事实或者对受众普遍关心的社会现象发表的议论。新闻节目主持人言论属于新闻评论范畴，它短小精悍、言简意赅，生动且具有个性化，比较接近短评、编者按、编后话或者专栏评论。

例如，2007年6月10日《焦点访谈》节目播出的《揭秘高考替考》，主要内容是说教育部门一再强调要严格考场秩序,严惩作弊行为,保障考场秩序,但在河南省郸城县却有一些人从在校大学生中寻找高考替考人选。演播室主持人翟树杰在节目的开始是这样说的:

> 2007年的高考已经结束,今年中国高校招生报名的人数超过了1,000万,创了历史纪录。每年高考的时候,考风考纪的问题都被高度重视,今年高考前教育部表示,凡是在高考中严重违规的考生,作弊行为将被记入国家教育考试诚信档案数据库,跟随他的一生,足见教育部门对杜绝作弊行为的决心。可就在这种状况下,还是有人挖空心思去作弊,替考就是作弊的方式之一。今年4月初,《焦点访谈》栏目获知,河南省郸城县有人打算找在校大学生替考,于是记者开始了两个多月的调查。

这样的话题在当时无疑受到全社会的普遍关注,主持人开门见山地把记者在河南省调查采访的话题抛出来,没有过多评论,而是通过几个数据和引用国家政策,来唤起公众对此话题的关注和重视。在节目的最后,演播室主持人翟树杰说:

> 对于《焦点访谈》记者提供的信息,教育部、河南省教育厅以及周口市和郸城县的有关部门高度重视。6月6日,也就是高考开始的前一天,有关部门迅速展开调查。据了解,因为参与高考替考事件,郸城县第二高中的副校长赵振华已于6月7日被免职并移交给警方。替考事件的具体情况还在进一步调查中。因为记者的及时报案,这几名考生的替考行为得以在考前被制止。但是如果真的像自称李老师的那位李峰所说的那样,一个考生为了找人替考,就可以以虚假的身份报名,并获取一个准考证,那么,审核考生身份的一道道严格的程序又是怎么把关的呢?随着有关部门调查的深入,这些问题相信都将会有一个答案。

主持人言论中并没有刻板的说教,而是说明了事件处理结果,并用一个疑问句把治理和杜绝替考的关键点出来,真正发挥了新闻媒体的监督作用。

再如,在《新闻周刊》2007年9月22日播出的《关注公众公共交通》中,主持人白岩松在一开始的本周视点"无车日理想与现实"中是这样说的:

> 今天您出门将选择如何出行呢?是开小汽车还是步行或是选择公共

交通？这个问题在今天估计是很容易被问到的，因为今天是全国"无车日"，一共有包括北京、上海在内的108个城市参与其中，在今天这些城市都会至少拿出一个街道或区域，只让行人和公共交通通过，以倡导"无车日"。当然，今天这个"无车日"也是这一周公共交通周的高潮，在这一周里，这108个城市都在公共交通方面多少有些动作，比如地铁票价要下调，市领导坐公交车上下班，甚至台风来袭的时候都如此。必须承认这一周还是有点效果的，正如口号所说的给地球一个星期天，给空气一个星期天，给交通一个星期天。但一年52周，这一周过后、这一天过后又将如何呢？《新闻周刊》本周视点，关注公众的公共交通。

随后播放一则由记者奔赴全国多个大中城市报道的各地的"无车日"情况短片。经济发展的现实告诉我们，中国步入汽车社会的趋势似乎不可阻挡。但是，我们尚未步入汽车大国行列，能源消耗、环境污染、交通拥堵这些现实问题就开始困扰着各个城市。一边是对现代生活方式的渴望，一边是在倡导绿色的出行方式，在理想与现实之间，城市是否应该及早作出选择？而首个公交周对于这个两难问题的触及，又能带给我们什么样的启示呢？对于这个问题，主持人随后又发表了一段言论：

  由于今天是"无车日"，大家肯定要强调不开车的好处，但是你问还没有汽车的人，他肯定梦想能有一辆私家车。就像专家学者都强调要保护北京的四合院，可是住在四合院的老北京居民却对专家学者说，你住进来试试。这个时候问题就出现了，搞一天的"无车日"容易，一起热热闹闹效果能显得很不错，可为了让人们自发地少开车，那可就不是喊口号做思想工作能解决的。比如说有专家分析，在北京，公车只占汽车总数的1/4，但占用资源却成倍地增长，这个问题怎么办？还有公交优先喊了好多年，但是效果不是特别明显，起码不像年年GDP增长那样明显，轨道交通和其他公共交通的换乘方便也还是一个奢望，这一切都该怎么办？

随后又是一则短片，报道北京市的情况以及北京市民和专家对公共交通的看法、意见。在进行多方面采访和调查之后，主持人发表了如下一段言论：

  我身后是城市公共交通的宣传画，视觉冲击力很强，一边是绿色和谐，一边是乌烟瘴气，我想这个道理其实谁都懂，但是做起来不简单。恰恰在本周，我读到两篇与此相关的文章，一篇标题叫《被异化的城市》，另一篇《当城市为汽车而造》。仔细一想有道理，也更让人担心，一方面城市宣传"无车日"，可是另一方面城市为汽车而造，那不是自相矛盾吗？解决这个难题，问题恐怕不在汽车二字，而是什么样的汽车。如果真正地把公共汽车和轨道交通当成重点，下大力气去抓，老百姓因受益就会自发选择公共交通，否则每年陪你过一两个"无车日"，喊一两天口号之后照开私家车，你又做何感想？

言论的最后以一个问句结束，不但指出了问题的关键，同时也让人深思。这样的言论无疑起到了很好的舆论引导作用，必然会对社会问题产生积极的影响。

又如，在《新闻周刊》2007年8月11日播出的《北京：每一天都在准备奥运》中，主持人白岩松有几段言论：

您好！观众朋友，欢迎打开《新闻周刊》。

六年前，2001年7月13日，在莫斯科，北京申奥成功之后，我碰到中国体育界的元老之一——魏纪中，在开心于北京申奥成功之后，我感慨还有七年呢，太长了。之后，魏纪中先生的一句话一直让我记到现在，他说，对于想看奥运的人来说，七年的确太长了，但是对于办奥运的人来说，恐怕七年太短了。时间证明，他的这句话的确太对了。一晃，六年过去了，观众们似乎更加等不及了，但对于办奥运的人来说，到本周，离北京奥运开幕竟然只剩下一年的时间。千头万绪，必须在未来300多天里——化解。在本周，以北京为主，包括全国很多地区都开展了轰轰烈烈奥运倒计时的纪念活动，但是"倒计时"这个词或许又不够准确，因为其实现在的每一天都已经成为北京奥运的一部分。北京奥运早就开始了，我们准备好了吗？世界准备好了吗？我们的内心和态度又准备好了吗？本期《新闻周刊》将用45分钟的时间来自问自答。

之后是一组短片，分别采访了时任中国爱乐乐团副团长刘军、中学生、钢琴家郎朗、时任国际奥委会主席罗格、时任全国人大常委会委员长吴邦国、德国游客、阿根廷游客、北京奥运会特许商品旗舰店总经理王健、北京市民、祁述裕、开幕式总导

演张艺谋、赛场工作人员、民警。在广泛采访和听取了各方意见之后,主持人又说:

> 这一星期,如果你在北京,你会发现,北京街头多了好多新的路牌和"好运北京"的字样。因为按照惯例,在一届奥运举办之前,一定要办好一系列的测试赛,让各个体育单项的运动员和运动队来提前体验天气、服务和场馆等。其实除去体育竞技本身,这个"测试"的含义非常丰富,从人的表情到服务,从观众到志愿者,与其说是世界各国的体育界人士来适应北京以及其他办奥运单项赛事的中国城市,还不如说,是北京来适应别人的好奇、质疑、挑剔、赞扬。也因此,在上个星期的《新闻周刊》里我就强调,还有一年的时间不要总去听好话,而是要细心地去听别人不好听的话,甚至批评。这样,我们才能真正利用未来一年去进步、去提高,否则,这个时候"你好、我好、大家好",到明年这个时候恐怕就真的麻烦了。

主持人自然而然地引出下一个话题,那就是奥运会之前的测试赛:

> 这一周,三座奥运城市正在接受"好运北京"系列赛事的测试,北京举行的是世界赛艇青年锦标赛和国际曲棍球邀请赛,青岛举行的是国际帆船赛,而香港则刚刚拉开马术三项的邀请赛帷幕。"好运北京"系列赛事的目的,就是要全方位地检验承担奥运比赛任务的三个城市在比赛组织、安全保障等赛场内外的各个环节,到底能不能经得起考验?除了比赛,下一周测试的重点则是——空气质量。

之后是对刘淇、北京官员、北京奥组委余小莹、首钢董事长、焦化厂经理、罗格、考察团成员、那忠、那忠女儿等一系列相关人士的采访。

对于北京奥运会,正如罗格所说:"世界正以极大的期待注视着中国,注视着北京。运动员也热切地期待着,在强手如林、竞争激烈的北京体育场馆一展身手。中国正以崭新的姿态向世界开放,北京和整个中国不但能为各国一流运动员成功地举办一次奥运会,而且能为他们提供一次难得的机会来了解中国,了解她的历史、她的文化、她的人民。"

这几段主持人的言论,不但能够把新闻话题准确、精当地点出来,而且具有承上启下的作用。

二、新闻专访

新闻专访属于采访的一种方式,内容涉及具有新闻性、代表性和权威性的新闻人物、新闻事件或者新闻观点。

1. 新闻人物专访

新闻人物专访主要是对具有新闻价值的人的专访,对象包括国内外政要、各行业知名人士以及具有代表性的普通百姓。此类节目有中央电视台的《东方之子》《焦点访谈》《面对面》《新闻会客厅》,还有凤凰卫视的《名人面对面》等。例如,2006年国庆长假期间,学者于丹登上中央电视台《百家讲坛》栏目,连续七天主讲《〈论语〉心得》,之后便在社会上掀起了一股持续许久的"于丹热"。身为大学教授的于丹的生活从此发生了改变,她成为众人追捧的"学术明星",媒体竞相报道的主角。2007年7月底,一段时间没有接受媒体采访的于丹,在北京接受了《面对面》记者王志的专访。

在2007年8月26日《面对面》播出的节目《于丹希望少露面》中,主持人王志对学者于丹有几段这样的采访:

王　志:咱们今天有没有禁区?
于　丹:你就问吧,我既然已经坐在这儿了。
王　志:媒体的朋友反映说于丹变了,见不着了。
于　丹:在哪儿见不着了?
王　志:在媒体上。
于　丹:你是说我最近出来少了是吗?但那比起我作为一个正常人的生活来讲,我现在不得已出来的次数还是太多了。我希望我能在媒体上露面更少。
王　志:但是成也萧何,败也萧何,你不就是媒体成就的吗?
于　丹:王志,什么叫成就?我在不讲这个之前,我也是一个很好的大学老师。
王　志:通过媒体,更多的人知道了于丹这个名字。
于　丹:知道于丹是一种成就吗?看站在什么角度上。

王　志：那你是在刻意地回避媒体吗？

于　丹：某种程度上说，是。

王　志：为什么呢？

于　丹：因为媒体会有放大，放大会有喧嚣，很多东西不在于该不该做，而在于什么样的把握，什么样的分寸。所谓过犹不及，媒体太大的喧嚣实际上会给你生活中很多东西带来一种误读。

以上是这期《面对面》的开场。2006年10月以来，媒体对于丹进行了长时间大篇幅的报道，于丹的迅速走红更被看作一种文化现象。然而随着时间的推移，把于丹当作娱乐人物的报道逐渐多了起来，媒体开始挖掘她的身世，热衷于给她起绰号，比如"电视学者""女易中天""学术超女"等。正因为这样，主持人王志才会在采访的一开始问于丹："咱们今天有没有禁区？"这样坦诚的态度能够让访谈有一个很好的氛围。随着话题的渐渐深入，于丹在和王志的谈话中表达出了越来越多的所思所想：

王　志：您是搞媒体研究的，当初您不知道会有这样一个结果？

于　丹：《百家讲坛》希望我去讲《论语》的时候，我觉得这是件我应该做的事儿，但至于做完它会怎么样，我是做事之前从来不做预期的。

王　志：那你后悔吗？

于　丹：我不后悔，我做任何事情都不后悔。至于说我自己在里面会被放大到什么样的程度，我事先没有太多地想过，但是我一旦发现开始被放大的时候，我唯一能做的事情就是尽可能地淡化淡化，让自己尽快地回到宁静中。

对于媒体的放大，于丹自己也不知结果怎样。主持人王志站在另外一个角度，设身处地地问出了这样的问题："您是搞媒体研究的，当初您不知道会有这样一个结果？"正是这种设身处地，才能够让被采访者愿意说出真心话。

于丹在《百家讲坛》中曾经讲过她读到的一则故事："一座佛寺里供着一个花岗岩雕刻的、非常精致的佛像，每天都有很多人来这里膜拜。但是通往这座佛像的台阶是跟它采自同一块山石的花岗岩。终于有一天，这些台阶变得不服气了。它们对那个佛像提出抗议，说，你看，我们本是兄弟，来自同一座山体，凭什么人们都踩着我去膜拜你,你有什么了不起啊?那个佛像就淡淡地对这些台阶说了一句话,说你们只经了四刀就走上了今天的这个岗位,而我是千刀万剐,终以成佛。"于丹在《百家讲坛》节目中讲述的这则带有寓言性质的小故事确实能够诠释于丹的心境。于是接下来主持人王志继续发问:

王　志:真实的于丹的生活,现在到底是什么样?

于　丹:你觉得我在你这个媒体面前,尽可能呈现出来就是真实吗?

王　志:你说的为准。

于　丹:王志你也是媒体,其实这跟我们作为朋友在底下聊天还是不同的,你信任语言吗?尽管《面对面》是一个以语言为载体的节目。

王　志:你说的不算,那我们还能信谁呢?

于　丹:其实人的主观意愿,都在放大他心里真正想放大的成分。比如说我现在跟你说什么是于丹真实的生活,这里面有我自己希望放大的成分,我只能跟你说我所希望的真实,就是在学校做个好老师,在家做个好妈妈,这两个身份在我心里是最稳定的、最安宁的、最幸福的。但这两个角色现在被各式各样的力量撕扯着,想做做不到,这就是我真实的生活。

这是一段针锋相对、唇枪舌剑的对话,成为热点人物的学者于丹现在有了强烈的、保护自己的意识,但是她还是很理性的。这个时候主持人必须巧妙地了解被采访者的心理和思维习惯,运用多种采访技巧去和被采访者交流。

王　志:能不能跟我们透露一下,一个星期以来你的行程表。

于　丹:这一个星期在香港,整整一个星期。因为前半段是(参加)香港最大的书展,我也很感动,那样一个弹丸之地,去买书看书的香港人达到76万人次。我就住在那个书展旁边的酒店,每天看着络绎不绝的人。这个书展上有很多的主题演讲、对话,有很多活动。那么后面一段是香港做的一个很大的亚洲文化合作论坛。

王　志:除了卖书以外,签售以外,还有就是演讲,讲什么呢?

于　丹:讲大家希望我讲的内容,我接到的很多的要求都是说,现在我们这里有这样一个需要,你要来讲一讲,五花八门,什么样的情况都有。比如说我去的最大的劳改农场清河农场,里面服刑人员和管理人员以及家属加在一起大概2万人,那是我讲过的最大的一个场子。

除了学校的教学和行政工作外,于丹常做的就是在各地讲学、签名售书,同时为多家电视台做策划。频繁在国内外各大城市间奔波的于丹,日程安排得十分紧凑。主持人王志提出的是一个具体的问题,他实际上是想了解于丹具体忙碌的生活是什么样的。于丹通过两个具体的活动予以了回答,一个是当周在香港参加书展,一个是去劳改农场演讲。

王　志:邀请的单位各式各样,有些完全没有关联的,但是我们很好奇,于丹会讲什么?是不是一支歌唱到黑呢?

于　丹:应该不会,如果你有机会你可以跟着我去听。

王　志:那您是全能的吗?

于　丹:我不是全能的,但是我有一个宗旨,就是你总要根据他们内心的需要,去跟他们聊那些最有针对性的东西。

要想从被采访者口中了解更多的东西,主持人的语言有的时候必须是犀利的,尤其针对本身也具有很强语言表达能力的被采访者,主持人发问方式和措辞完全要根据当时具体情况而定,必要的犀利问话能够刺激被采访者表达真实的想法。

尽管坦言很多活动并不想参加,但各种社会活动的邀请还是络绎不绝。2007年7月11日,"让美影响中国·寻找100个美丽受损女人"大型慈善晚会在北京电视台举行,于丹应邀参加。让她没有想到的是,在这个晚会上,于丹以"内涵之美"捧得了主办方颁发的"2007中国最美50个女人"的奖杯。对此主持人王志又继续发问:

王　志:最美的50个女人,这个是你想做的吗?

于　丹:不是,因为这个评价的标准我也不知道,怎么出来的我也不知道。我当时是接到通知说让我参加一个慈善晚会,是为中国100个美丽受损的女人,去进行爱心慈善的这么一个活动。那我觉得美丽受损这样的一件事情作为女人是很值得悲悯的嘛,那应该去,但是至于说怎么评选的这件事情,我到现在也没有弄明白。

王　志:那你觉得自己美吗?在这个行列里面你把自己排在一个什么样的位置呢?

于　丹:我没有想过这个问题。

王　志:现在可以想。

于　丹:美丽其实是每一个女人内心都希望的,但是至于说你自己美不美,我觉得一个人也是应该有对自己的评价吧。我在年轻的时候,小的时候,从来也没有人说,夸我说多么美多么漂亮,这句话从来没有人说过。

王　志:那于丹对于女性的美的一个标准是什么呢?

于　丹:我相信一个人随着自己这种成长,对自己的生命角色应该有一个更多方面、更多元的判断,美不美是其中的标准之一吧,它其实是跟一个女人内心的从容、自我的确认、教养这些东西都相关的。如果大家这么鼓励我的话,我感谢,但是我也不会说认为现在自己就怎么样了。

对于王志提出的三个问题:"最美的50个女人,这个是你想做的吗?""那你觉得自己美吗?""那于丹对于女性的美的一个标准是什么呢?"于丹的回答非常简短,但是在节目播放的一段视频中,她在颁奖现场回答主持人的提问"其实我一直想问你,你觉得你身上哪里最美"时,说得非常精辟:"我首先要感谢大家的厚爱,就像前面嘉宾所说的美丽的外延扩大了。中国古代有一句话,每一个女人都可以做到'腹有诗书气自华',也就是说,女人前20年的容貌可能是爹妈给的,那叫漂亮,而后面一辈子的美丽是自己修炼的。所以从这个角度来讲,美不美因人而异,每一个人气质的提升,然后她自己不可替代的独特的一个特质都可能成为她独到之美的那种特质。"节目的这一段不仅让我们看到了主持人王志老道的采访技巧,同时也让我们为被采访者于丹精辟的回答所折服。

2. 新闻事件专访

新闻事件专访具有较强的新闻性,有新闻由头,访问重在深入、详尽地了解新闻事件本身。比方中央电视台的《海峡两岸》《中国报道》《高端访问》等。

我们可以通过2007年10月14日《海峡两岸》播出的《陈水扁卖弄军力为"台独"壮胆》节目来体会一下新闻事件专访的一些具体细节。

主持人：欢迎您继续关注《海峡两岸》节目。据台湾媒体报道，10月10日在台湾举行的"双十活动"上，台军首次展示了最新的"天弓-3"反导拦截导弹和"雄风-3"超音速反舰导弹。台军炫耀说，这两件武器是台军自主研发的，连美国都没有。这两款武器的亮相将大大提高台军的"反斩首"能力。那么这到底是两款怎样的武器装备，台军为什么要极力推荐这两款武器呢？今天我们邀请到两位嘉宾来共同讨论这些话题。首先来介绍一下，这位是新华社《世界军事》杂志社主编陈虎先生。

陈　虎：主持人好，大家好。

主持人：这位是国防大学的李莉教授。您好。

李　莉：主持人好，观众朋友大家好。

主持人：那么我们在共同探讨这些话题之前，首先来了解一下相关的背景情况，一起来看一看。

节目一开始，主持人就开门见山地把本期节目的话题引出来，同时介绍两位演播室的嘉宾。之后是介绍相关新闻背景的一则短片。短片介绍：根据台湾地区媒体的报道，台湾军方为准备"双十活动"的武力展示，动员了2000多名兵力、200多辆地面装备以及近300架次的陆空各型直升机和战机，整个操演共耗费了新台币7700多万，其中仅空军战机的油料费，就花费了3400万。接下来主持人直接引导两位嘉宾进入话题的讨论：

主持人：我们注意到这次台军在"双十活动"武器展示部分，一改往常把导弹神秘地封存在这个导弹发射箱里面的做法，而是把"天弓-3"和"雄风-3"都以"裸弹"的形式来展出，也就是把导弹直接摆在车上让民众来参观，而且还涂上了红色、咖啡色、白色这些非常鲜艳的色彩。他们解释说这样是为了让台湾民众能够更清楚地看清导弹。那么陈主编您怎么来看台军这样的做法？

陈　虎：这种展示方法应该说是一种比较反常的现象，因为这两型导弹，其中"天弓-3"它实际上还没有完全研制成功,那么"雄风-3",没有大批量装备部队使用。按说在这个阶段,应该是要注意一个保密问题,但是却大张旗鼓以这种方式来展出。而且在展出的过程当中没有做任何的遮盖,所以我们现在看到的照片,基本上各个部位都有,包括尾喷管这个部位的照片,很清晰都可以看到。应该说这个展示方式比较反常。那么反常的这种方式,对它保密作战来说肯定应该是不利的。既然对保密作战不利,为什么还要这么做,恐怕这里头就应该是有点文章了。我想更多的还是出于炫耀的成分。向台湾的民众、向大陆,甚至向更广的一个范围炫耀:你看我有这个东西,我把它完全拿得出来,表示我在技术上能够很好地掌握它,而且充分地体现它这种所谓的先进性。这应该是主要目的。也就是说,宣传目的压倒了其他目的,在这种情况下,就出现了这种反常的现象。

主持人:李教授怎么来看这次台军展示导弹的这种方式?

李　莉:我感到就是除了刚才陈主编谈到的这一点以外,可能还有一点,就是说让大家近距离地来识别真伪。因为很长一段时间我们知道"雄风-3",包括像"天弓-3"它这个技术是很尖端的,那么比如说台军能不能掌握这个技术,能不能研制出来,可能很多人还是有问号的。我想这点,就包括台湾民众可能也有这种疑惑。那么如果你仅仅拿出的是一个发射架,你走一遍,可能大家心里想,你有没有这个我还不能说得定了,但是你把这个"裸弹"真正裸露在外面让大家看,而且就像主编说的,前后左右都看得很清楚,那么这样的话,这个可信度可能就提高一些。

　　主持人的作用是引导嘉宾来谈论他们的观点,更多的时候提出问题之后是认真地倾听,在嘉宾的谈话当中找到适当的切入点深入发问。当嘉宾是两位或者多位的时候,主持人一定要分别让嘉宾发表自己的看法和观点,尤其对于性格内向或者不善言谈的嘉宾,更是应该使用谈话技巧让嘉宾尽量地发表一些看法。

　　主持人:那么台军还说,未来不管是"天弓-3"也好,还是"雄风-3"也好,都可能会被部署在大台北地区,也就是台北市的周围,那么目的就是依靠它们的这个反导和反舰的这种能力,来拦截可能会攻击到陈水扁办公室的一些导弹。那么陈主编你对台军这样一个部署怎么看呢?

陈 虎:这个说法可能主要针对的是"天弓-3"这个导弹来说的,因为一般来说,这些年我们可以看到,"台独"的某些领导,台湾当局的某些领导人,对自己应该说是很珍惜了,所以所谓"反斩首"这个,把它放到一个重中之重的位置,一旦有点什么好东西的话,肯定放到自己的身边,做自己的贴身护卫,贴身保镖。所以说,如果要是"天弓-3"真达到一个很先进的水平,那么台湾方面肯定首先会放到所谓这个核心区,也就是大台北这个地区了。但是实际上这种部署呢,也会让人产生一个疑问,就是说它这个部署和以前提出的"爱国者PSE-2"这个部署,重叠程度相当地大。那么在这种情况下,是不是大家会对这个东西提出疑问,你对"天弓-3"的性能是不是还存在疑问。否则的话,我可以完全不要"爱国者"了,我既然这个地方以这么大密度来部署这个"天弓"了,"爱国者"是不是就可以移到别处去了。但是好像没有看到这方面的报道,所以说这种部署是不是也说明他对这个"天弓"还并不是那么有信心。

主持人:还有台湾媒体评论说,之所以台军会选择在当下这个时机来展出这两款先进的武器,是为了炫耀武力,"以武拒统",那么二位对这样的一个评论怎么看呢?

李 莉:我觉得是这样的,你看这次整个的这个"双十活动"算表演,实际上花了很大的心思来设计。因为我们从整个这个演出队列上看,就是所有的近些年,台军不管是外购的,还有自制的这个武器,在上面统统都有了展示的平台。就包括什么武装直升机,包括"云豹"系列,包括"雄风""天剑"等。所以我觉得他可以说处心积虑地设计了这么一台表演,而且动用了,我看2300多个人是吧?70多架飞机,从这个装甲战车系列来讲,出了200多辆。所以我觉得这么大的一个规模,实际上都是在渲染一种气氛,或者追求一种效应。特别是刚才我们就谈到的,反复谈到的这个"雄风-3"和"天弓-3",实际上应该还有一个就是"雄风-2E",在台军整个武器装备发展系列中呢,它是叫作"21世纪的新三代"。那么这次之所以"雄风-2E"没有展出,那很大程度上,我觉得还是考虑到美国的这个反对声浪,所以可以说采取折中方法没有展出。那么把其他的一些武器装备,以一种非常强势的态度展出来,我觉得实际上从骨子里,就是陈水扁他在追求一种"以武拒统"的效应,他就是在炫耀武力,向大陆示威。

主持人:好,今天谢谢陈主编,也谢谢李教授做客我们《海峡两岸》的演播室,就这次台军展出的"天弓-3"和"雄风-3"导弹的详细情况为我们所做的分析,谢谢!也感谢观众朋友收看今天的《海峡两岸》,欢迎您继续关注中央电视台中文国际频道的其他电视节目。

节目做专业性比较强的新闻话题或者政策性比较强的政治话题时,所请嘉宾一般都是某个方面的专家学者,所以在他们谈论这些话题的时候,主持人应该站在普通受众的角度上就某些具体细节或者专业问题进行发问。就算主持人在某些方面了解得比较多,在访谈节目当中也应该替普通受众多问一些问题,以便让普通受众能够了解进而更好地理解访谈内容。

另外,在访谈节目的开始和结束,除了主持人要向电视观众问候、介绍嘉宾并和嘉宾打招呼,嘉宾也应该主动与主持人和观众打招呼,这样就能形成一种多层次、多角度的交流互动氛围。当然在节目的最后,主持人也应该为嘉宾的到来表示感谢,然后就是和观众道别。有的时候,有关某些敏感话题的专访结束后,主持人还要声明一下此次节目的言论和观点不代表官方或者本台立场、观点,这种声明有些时候非常有必要。

3. 新闻观点专访

新闻观点专访不是针对某一具体新闻事件本身进行专访,而是重在采访专家学者等相关人士就有关事件或问题的观点和见解,目的是报道有识之士的真知灼见,以帮助和引导受众客观、全面、辩证地去认识和思考社会热点问题。

例如,《今日关注》是中央电视台中文国际频道的时事述评栏目,紧密跟踪国内外重大新闻事件、新闻话题,邀请国内外一流的专家和高级官员,梳理新闻来龙去脉,分析新闻背后的新闻,评论新闻事件的影响和预测发展趋势。

在2018年9月3日《今日关注》播出的《共筑中非命运共同体 开启团结合作新征程》中,主持人王世林邀请了中国国际问题研究院常务副院长阮宗泽先生、宁夏大学中国阿拉伯研究院的院长李绍先先生,深入分析和解读中非合作论坛北京峰会开幕以及习主席发表的重要主旨讲话的内容。

主持人:各位观众大家好,欢迎收看正在直播的《今日关注》。2018年中非合作论坛北京峰会今天正式举行。这是中国今年举办的规模最大、外国领导人出席最多的主场外交活动。习近平主席在峰会开幕式发表了重要的主旨讲话,全面阐述了中非共铸更加紧密的命运共同体的六大内涵以及未来3年和今后一段时间将重点实施的八大行动。那么新理念、新行动将如何助力中非合作?中非合作未来将会给中国和非洲人民带来哪些实惠?针对这些话题,今天我们演播室请到了两位专家一起来解读:一位是中国国际问题研究院常务副院长阮宗泽先生,还有一位是宁夏大学中国阿拉伯研究院的院长李绍先先生。欢迎两位到演播室参与这个话题的讨论,那么节目一开始首先通过一个短片了解下相关的信息。

解 说:2018年中非合作论坛北京峰会开幕式3号下午在人民大会堂举行,中国国家主席习近平出席开幕式并发表主旨讲话。习近平说中国是世界上最大的发展中国家,非洲是发展中国家最集中的大陆,中非早已结成休戚与共的命运共同体,我们愿同非洲人民共筑更加紧密的中非命运共同体,为推动构建人类命运共同体树立典范。第一携手打造责任共担的中非命运共同体,第二携手打造合作共赢的中非命运共同体,第三携手打造幸福共享的中非命运共同体,第四携手打造文化共兴的中非命运共同体,第五携手打造安全共筑的中非命运共同体,第六携手打造和谐共生的中非命运共同体。

主持人:那么对于中非命运共同体,我们注意到习主席阐释了其中的六大内涵,而且第一个谈到了是要携手打造责任共担的中非命运共同体。阮院长您怎么理解这个责任共担?

阮宗泽:责任共担是六大内涵之一,那么它非常贴合这次中非合作论坛的主题。我觉得有两个方面的内容:一个就是责任共担指的是面对当前机遇与挑战并存的这个世界、这个新的时代,那么中非应该加强政治外交的沟通和对话,协调立场;第二个呢,这样做才能更好地维护中国和非洲等广大发展中国家的利益。我们先讲第一个层面,就是现在习总书记在讲话当中反复强调,我们面临一些发展的机遇,但同时也注意到还有很多挑战,比如说霸权主义、强权政治这些还存在,特别是一些国家出台或者提升这个贸易保护主义、单边主义,等等。其实这些因素对国际关系、对正常的国际交往,包括国际政治经济秩序都是很严重的干扰。那么在这样一种情况下,中国和非洲不应该随波逐流,应该对这些霸权主义、强权政治、单边主义、保护主义说不。所以这就是一个责任共担,就是我们都要用一个声音说话。那么这样做的结果就是第二个内容,中非只有更加团结,在面临这样一些逆流(的时候),才能提升和维护发展中国家的利益。因为今天这个世界,包括习总书记也讲到,全球治理体系方面发展中国家的话语权是一个短板,习主席讲要补强这个短板,所以责任共担我想讲的也是这样一个非常重要的道理。还有一个他也特别强调,中非在涉及彼此的核心利益和重大关切问题上应该加强对话和协调,所以这是中非建立命运共同体非常关键的一个环节。

主持人:是的,习主席所阐释的第一个内涵就是责任共担。那么关于中非命运共同体,习主席阐释的第二个很重要的内涵就是合作共赢,要携手打造合作共赢的中非命运共同体。那么中非之间的合作怎么才能达到共赢?

李绍先:我觉得中非合作可以用三个词来形容。第一个词是扬中国之长,第二个词是补非洲之短,第三个词就是达到互利共赢。中国和非洲互有长短。非洲长在什么地方呢?非洲长在地大物博,非洲有3000万平方公里,有12多亿人口,而且非洲的资源非常丰富,可以说是世界上资源最丰富的一个大陆。我曾经去过刚果(金),刚果(金)领土面积是非洲第二大,大概200多万平方公里,人口大概7000多万。但是年GDP只有300多亿美元,是世界上最穷的国家之一。这个国家我觉得在非洲有典型性,被人们形容为"坐在金山上要饭的国家"。为什么这样说呢?刚果(金)的耕地面积广大,而且只用了20%,土地肥沃得不得了,这是多么深厚的资源。再一个刚果(金)正好坐落在非洲一个重要的矿带上,有金矿、有铜矿、有铁矿,等等,但是它缺什么呢?它的短处在没有资金、没有技术、没有人才、没有基础设施。中国长在什么地方?这些年大家都看得非常清楚,我们基础设施建设世界第一,我们这些年形成的丰厚的、庞大的产能。我们也有短,我们短在资源缺乏,我们缺乏市场。所以中非之间的短长是互补的,非常强烈。大家要知道,其实中非的合作一直是共赢的。为什么这样说呢?2000年成立中非合作论坛的时候,我们的贸易额总额只是100亿美元,现在1700亿美元,增长了16倍;2000年成立中非合作论坛的时候,中国对非洲投资10亿美元,现在1000亿美元,是100倍。如果不是互利共赢,怎么可持续地发展到今天?

主持人:取长补短。刚才谈到一个责任共担,一个互利共赢,另外习主席还谈到中非命运共同体很重要的内涵,叫文化共兴,那怎么理解这个呢?

阮宗泽:中非都具有悠久的历史文化,在世界文明中占据应有的一席之地,中非之间各美其美,这种文化、文明在新时代要进一步发扬光大,所以中非之间的合作都是在相互欣赏对方文明、尊重文化多样性的角度来看的。因为中非之间的合作是一种全方位的合作,文化、文明上的合作可以为中非合作提供精神滋养,这是习主席在讲话中讲到的一个词,我觉得就是民心相同。所以怎么做呢?习主席也提出来一些方式、方法,比如说要加强中非之间的文明、文化的对话，比如说加强教育、科学、体育等方面的交流，比如说智库、媒体、影视艺术，等等。其实这个涵盖面是非常广的，就是说中非之间的合作应该有一个广阔的社会基础和精神滋养。所以这样能够让中非的合作像一棵大树一样，不停地有营养，长得越来越茂盛、越来越高大。这对中非的合作我觉得是至关重要的。

当主持人与嘉宾谈论的话题越来越深入的时候，作为访谈节目主导者的主持人的发问无疑代表了广大电视观众对于热点问题的所思所想，主持人在节目中就是普通电视观众与专家学者之间的桥梁。

2018年中非合作论坛北京峰会是中国当年举办的规模最大、外国领导人出席最多的主场外交活动，举国关注，举世瞩目。主持人王世林首先向嘉宾请教如何理解习主席阐释中非命运共同体中的"责任共担""互利共赢""文化共兴"。这样的提问开门见山，直入主题，能够让观众准确地抓住节目主旨，了解热点新闻的主流观点和舆论导向。

主持人：另外习主席还谈到要携手打造安全共筑的中非命运共同体，中非之间，在安全领域有哪些共同的利益？今后真要打造这种安全共筑的命运共同体的话，怎么来着手？

李绍先：其实非洲的安全形势是非常严峻的，比如海盗……比如恐怖主义威胁……在安全方面还有非洲内部的冲突所产生出来的安全威胁，所以非洲的国际维和任务是非常繁重的。随着中国在非洲投资的不断增加，非洲的安全问题实际上也威胁到中国在非洲的利益。与此同时，安全问题也成为影响非洲发展的很重要的问题。……中非加强安全方面的合作，我觉得势在必行，而且是非常必要的。

主持人：另外，我们也注意到，在今天的开幕式，习主席发表的主旨讲话还重点阐述了未来3年和今后一段时间中非之间合作的八大行动倡议。那么这八大行动，未来将如何顺利实施呢？我们通过短片来了解一下。

解　说：习近平表示中国愿以打造新时代更加紧密的中非命运共同体为指引，在推进中非十大合作计划基础上，同非洲国家密切配合，未来3年和今后一段时间重点实施八大行动：一是实施产业促进行动，二是实施设施联通行动，三是实施贸易便利行动，四是实施绿色发展行动，五是实施能力建设行动，六是实施健康卫生行动，七是实施人文交流行动，八是实施和平安全行动。习近平表示，为推动八大行动顺利实施，中国愿以政府援助、金融机构和企业投融资等方式向非洲提供600亿美元支持，同时免除与中国有外交关系的非洲最不发达国家、重债穷国、内陆发展中国家、小岛屿发展中国家截至2018年底到期未偿还政府间无息贷款债务。

主持人：阮院长，为什么在八大行动里要把产业促进行动放在第一位？

阮宗泽：我觉得它特别具体而且特别接地气，它带来的成效可视性很强，立竿见影。产业促进我觉得包括这么几个方面：一个就是习主席提到要进一步提升中非的经贸区。……另外，特别要强调中国和非洲在农业现代化方面的合作。……为了扩大中非之间的经贸和产业合作，中国也会对非洲朋友进一步开放市场。……还有一点我比较关注的是，中国人民币和当地本币进行结算，这对中国来讲可以扩大和提升人民币的国际化，对其他非洲国家来讲也有好处。……

在这一段访谈中，主持人王世林从普通观众的角度向嘉宾提出如何着手打造安全共筑的命运共同体，嘉宾通过例子简明扼要地加以阐述，在较短篇幅之中便将热点问题解释透彻。关于中非之间合作的八大行动倡议，主持人引导观众通过短片进行了解，保证了重要文件的严谨和权威，也能够推动访谈紧凑有序地进行。

主持人：那么今天习主席也谈到要倡议在未来成立中国—非洲经贸博览会，而且谈到要进口非洲的非资源类产品。您觉得这是出于什么样的考虑？

李绍先：我觉得这和刚才产能方面的合作、产能对接提高到一个很重要的程度是密切相关的。大家知道我们在和非洲合作的时候，是和西方国家和非洲的合作非常不同的,我们是授人以渔,而不是授人以鱼。……我们现在是培养它的生产能力、培养它建立起工业体系自己来生产。那么生产出来怎么办?生产出来出口肯定会有很大的竞争力,所以在这种情况下,我们向它开放市场,我们给它搞这个贸易博览会,优先进口非洲国家的产品。这是对提升非洲国家发展能力的一个很重要的步骤。我是这样看的,就是中国的发展在带动非洲的发展,非洲要发展起来,会给中国下一步的发展提供更大动力,实际上是互利共赢的事情。

主持人:中非合作论坛是成立在2000年,那么18年来中非通过合作,哪些方面都取得了哪些成果呢?我们来通过一个短片了解一下。

解　说:2000年,中非合作论坛创立,开启了中非合作新纪元。18年来中非合作成绩斐然,目前,中国已同53个非洲国家建立不同类型的伙伴关系。中非高层互访广度、频度空前,政治互信持续深化。在经贸方面,中国已经连续9年成为非洲第一大贸易伙伴国,中非经贸额从2000年的100亿美元飙升至2017年1700亿美元,17年间增长了16倍。专家认为,未来5到10年间,中非之间的贸易会有两位数的增长。过去中非合作以输血为主,目前,中国正朝着向帮助非洲造血转变。中国将毫无保留地同非洲分享技术、经验与市场,以提升非洲经济内生动力的发展。同时,中非人文交流合作也不断深入,双方已建立130多对友好城市关系,人员往来每年近200万人次。

主持人:17年,中非之间的贸易增长了16倍,那再看未来5年或者10年间,还有哪些提升的空间?

阮宗泽:我觉得提升空间还非常大。10年前还出现了金融危机,在这种情况下中非的贸易持续上升,说明它有很强劲的动力。在未来,我觉得在两个方面还有很大的空间:一个是随着非洲本身的发展,出口的东西不光是初级产品,而且还更加多元化,这种能力的提升和成品的产出实际上也得益于和中国的合作。……还有一个,习主席也谈到,如果条件成熟,我们还可以谈自贸区的合作和安排。……

主持人：长期以来我们也知道，西方有些国家戴着有色眼镜来看待中国和非洲之间的合作，那么中非之间的合作模式和西方原来与非洲的合作模式有什么本质的区别？

李绍先：有两个本质的区别：第一，西方和非洲的合作一般都是附带条件的，我们是"五不"。……第二，西方国家基本上是以一个施舍者的姿态……我们则是授人以渔，就是培养其自身发展的技能和能力，给非洲自己造血的能力。

主持人：那么今天结合中非合作论坛北京峰会开幕以及习主席发表的重要主旨讲话的内容，两位为我们进行了深入的解读和分析，感谢两位的参与。今天的《今日关注》到这里结束，感谢您的收看，再会。

从以上节目可以看出，在节目当中穿插播出提前制作好的相关背景资料等短片，是新闻访谈节目经常使用的方法。

主持人代表观众向专家学者或者新闻当事人进行提问，获取更为主流和权威的解读与阐释。节目中所穿插的新闻热点相关资料和背景短片，能够在每个访谈的关键点做好知识普及与铺垫，从而在保证访谈紧凑有序推进的同时，还能够增加节目表现形式的多样化与热点问题的可看性。

三、新闻谈话

新闻谈话就是在主持人的把控下，嘉宾和现场观众就普遍关注的新闻事件，以平等的对话交流方式各抒己见，真正做到新闻媒介及时、畅通、准确地"上情下达，下情上传"，起到和受众直接进行沟通的作用，真实地反应受众的心声。此类电视节目很多，比如中央电视台的《实话实说》《新闻会客厅》《对话》和凤凰卫视的《鲁豫有约》等。我们可以通过2007年6月7日《新闻会客厅》播出的一期节目来感受一下新闻谈话节目。

2007年，全国有1000多万考生参加高考，同时该年也是恢复高考30周年。30年来，3600万考生通过高考走进了大学的校门。与如今考场上考生的从容不同，

30年前的考生显得更加匆忙和不适应。现在的考生可能已经很难理解30年前考生的心态,而杨学为对此印象却很深刻。作为教育部考试中心原主任,70岁的杨学为既见证了中国11年没有高考的历史,也参与了恢复高考的艰难历程。从1977年高考算起,到2000年从教育部考试中心主任位置上退休,他的工作有23年和高考联系在一起。而1977年这次被称作"一个国家和时代拐点"的高考也定格在了他的记忆里。

李小萌:为什么今年人们在以各种各样的方式纪念恢复高考30周年? 30年前那一场考试有着怎样非同一般的意义?今天我们节目的两位来宾将会以不同的视角带着我们一起回到30年前。首先要介绍的是教育部考试中心(原)主任杨学为先生,我们欢迎他。欢迎您,您跟我们讲讲在1977年的时候,您具体负责的是什么。

杨学为:1977年有两次招生会,第一次招生会我在简报组里,第二次招生会我在起草文件组里。

李小萌:起草文件?

杨学为:对,国务院后来批准招生意见,我是在那个起草文件的小组里。

李小萌:所以今天杨先生主要给我们讲一讲,就是恢复高考这个决定是怎么成为一个事实的。我们看到的资料都是说,1977年5月24日《人民日报》发表了邓小平关于尊重知识、尊重教育这样一个讲话,这是不是恢复高考的一个发令枪?

杨学为:如果从意义上可以这么说。1977年开过两次招生会,第一次招生会是在5月到6月,在太原开的,那时候有"两个凡是",教育部的思想也不解放,到会的人很不满意,但是教育部还是把这个文件送到国务院去了。这个时候邓小平恢复工作了,这可不得了了。邓小平自告奋勇抓科教,然后他就开科教座谈会。在科教座谈会上好多人强烈要求废除推荐、恢复考试,他当时拍板决定,把文件追回来,让教育部把文件追回来,重开招生会。一年开两次招生会,新中国(成立)以来,唯有这一次。

当时恢复高考的决定为何如此突然,决策背后有着怎样的故事?这是这期节目第一阶段的主要访谈话题,因此请来了亲历当年这段历史的关键人物——杨学为。主持人李小萌介绍完第一位嘉宾后,就提出了问题:"您跟我们讲讲在1977年的时候,您具体负责的是什么?"用问题把话题直接引入30年前恢复高考的回忆当中。

解　说:因为历史的原因,1977年之前,通过考试选拔人才的制度已经在中国消失了11年。有上千万城市青年被规定在中学毕业后,必须离家,去往农村。高校录取的大学生不是按照考试成绩录取的,而是按照"十六字"方针录取的,就是"自愿报名,基层推荐,领导批准,学校复审"。而按照这个方针招收的大学生文化基础相差悬殊,不仅质量没有保证,而且也带来大量的问题。1977年7月,73岁的邓小平第三次恢复工作,复出不到一个月,就重新主持召开了科学和教育座谈会,经过长达45天的讲座之后,会议决定,改革高校招生制度,统一考试、择优录取。

李小萌:在北京开的那一场会一开开了45天,很多人是穿着夏装去的,等开完会的时候天都凉了。怎么开了这么长时间?

杨学为:第二次招生会是8月到9月。我认为主要是教育部领导思想不解放,会上争论很多,两派争来争去。比如说高中毕业生要不要两年劳动之后才能考大学,还是说直接可以考大学,这是争论的最主要的第一个问题。第二个问题就是政审的问题,政审"文革"中间主要是看出身。然后就是考试的问题,不要考试,要推荐。这三个是争论的最主要的问题,但是第一个问题是打头的问题,争论了40多天。两派争论来争论去,后来起草了一个文件送给邓小平。邓小平是管科教的副总理,送给他看,他很不满意。

李小萌:主要不满意的都有什么?

杨学为:很多,主要不满意的是教育部思想不解放。大家看邓小平文选,9月19日教育战线拨乱反正的问题,那篇文章非常厉害的。你们无非是怕跟着我再犯错误,同意这项方针的就干,不同意的就改行,这句话非常厉害。我看主要是批评教育部领导思想不解放,具体的问题那就多了,像刚才三个问题都涉及了,比如说招应届高中毕业生的问题。为什么要招应届高中毕业生?就是不中断学习。政审的问题,我们起草小组起草了很长的一段,因为"文革"中间重视政治,政治挂帅,突出政治,所以我们起草得非常细,他看了之后,大笔一挥,全部划掉,连说三个烦琐。本人带来了一个笔记本。

李小萌:带来证据了,是吗?

杨学为:是,这是第二个招生会我的笔记本。因为邓小平文选里只有一个烦琐,所以有人问我你怎么说三个烦琐呢?本人证据在这儿,当时传达的记录,连着说了三个烦琐,最后说把烦琐的东西去掉,那就是第四个烦琐了,连说三个烦琐,把这个全划掉了。

这段历史一定是广大电视观众非常感兴趣的,所以主持人李小萌也就这些历史细节问题进行提问。当谈到当时关于恢复高考的招生会议的时候,嘉宾杨学为提起了他的笔记本,这时候主持人李小萌立即问:"带来证据了,是吗?"对于这样的访谈,如果能够在节目中当众展示一些物证将是非常有说服力的,尤其是谈到一些历史话题,那些能够起到佐证作用的物品一定是受众非常期待目睹的。

李小萌:我们再回到决定了要恢复高考。这么一个重大的轰动性的消息,怎么传达到老百姓当中去的?就是通过报纸是吗?

杨学为:9月19日小平批评了教育部,教育部赶快按照邓小平的意见改了文件,文件就报上去了。10月5日政治局讨论,10月12日国务院发布文件,10月21日新华社发通稿,发了通稿之后全国老百姓才知道。

李小萌:新闻报出来,但是已经决定了是12月10、11、12就高考了,这中间两个月来得及做所有的准备工作吗?

杨学为:当时不是全国统考,因为没有全国统一的大纲,没有全国统一的教材,全国统一命题也来不及,还要运过去。是各省命题,各省先有一个县试点,取得经验,因为11年没考了。由地市这一级先考一次,按照录取人数的三倍选出来,叫作粗选。然后参加全省的统考,各省的时间都是倒计时这么排,非常紧张。

李小萌:为什么不再缓一缓,到了隔年春天或者更从容一点再去招生?

杨学为:快出人才。

李小萌:就是迫切到这个程度?

杨学为:对,邓小平讲快出人才、早出人才,不想再耽误一年。

主持人李小萌提出的问题正是受众想了解的,"文革"后恢复高考的第一次考试的每个细节都十分特殊,像考试时间和考试要求这样的重要消息的传播无疑是受众感兴趣的。

解　说:中断11年的高考恢复的消息一出,知识青年奔走相告,这重新燃起了他们通过考试进入大学的希望。然而,从10月21日宣布消息到12月10日正式开始考试,只有不到两个月的时间。这给考生准备考试带来了很大的压力,而对于当时组织考试工作的教育部门来说,更是一个巨大的考验。

李小萌:那后来各个地方到底是按照一个什么样学历的水准做的高考命题呢?

杨学为:1977年都是按照初中毕业的水平来命题。

李小萌:各省最终的那个高考也是按照初中水平的了?

杨学为:就按照这个水平还有98%不及格呢,你想提高也没用了,没那么多人,考得最好的是66、67届高中毕业生,考得最好的是这帮人,非常好。

李小萌:这些细节我们大概了解清楚,恢复高考的消息发出去,据说是570万(人报名),这比你们预想的是高还是低呢?

杨学为:比我们原来想的低,开招生会的时候,因为当时说够报名条件的,估计有1亿4000万人。

李小萌:那不少。

杨学为:10年嘛,10年初中毕业了多少人,然后1971年以后恢复招生,录取了多少人,把他们减掉,剩下应该有1亿多人。当时就担心,怎么办,有没有纸印卷子,非常担心。后来570万虽然也是从来没有这么多人,但是比原来想象的数字还可以接受。

李小萌:还松了一口气,比想象的数字差了这么多,主要原因是什么呢?

杨学为:主要是因为来不及准备,太突然了,很多人都没复习,根本没准备,想考,一点都没准备,所以第二年1978年610万,比第一年多,就说明当时没有来得及准备的人,1978年参加高考。等到这两年考下来,很多人都不及格,很多人知道了,去考也白考,因为水平太低了,来不及。

李小萌:您的理由是说来不及准备,我们听听那位观众,您的理由是什么。

观　众:我是刚从农村插队分上来,当时工作还不到一年,半年左右的样子。我是1976年年底分上来的,1977年高考,我那个同事是老高中毕业,66届高中,他特别激动,说小肖,咱们去报名,我说报,上哪儿报?怎么报?就完了。这是我和我刚才说那个66届高中生的原因。他是想报,就是报名的途径不知道,我是什么?知道考英语,我学的是俄文。

李小萌:明白了,这个信息的上传下达不充分。谢谢您。

杨学为:确实是那样。

李小萌:刚才这位观众讲的意思就是这个信息的上传下达问题,包括各个地方对于高考的组织工作、积极程度都影响到这些年轻人报名,对不对?

杨学为:一点不错。

李小萌:所以能去考的还算是比较幸运的呢。

当访谈进行到这里的时候,一个历史见证者已经不足以说明问题,编导邀请了恢复高考后第一次参加考试的普通电视观众,在适当的时候由主持人李小萌向坐在观众席里的观众发问,此时这位历史亲历者的经历具有一定的代表性。所以,在电视新闻访谈节目当中邀请事件的亲历者也是一个重要的手段,可增加话题的可信性与说服力。

解　说:570万考生参加考试,最终,只有27万考生迈进了大学的门槛。在他们中间,有十几年前就告别学校的老三届,也有刚刚毕业的高中生。年龄最小的只有十六七岁,最大的已是人到中年。而在得到高考消息的前几天,多数人还都在农田间务农、车间里务工。刘学红就是在这时迈进北京大学新闻系的门槛的,高考之前她的岗位还是在农村果园。她写的高考作文在张榜前就全文登在了《人民日报》上,并成为往后几届考生必背的范文。如今,作为一家媒体的总经理,坐在自己宽敞的办公室里的刘学红,精心保存着和1977年高考相关的物品。作为恢复高考后第一届27万大学生中的一员,她是怎样在短短两个月中顺利通过考试的呢?高考对她来说意味着什么?对现在的考生,她又会说些什么呢?

  这是一段在节目筹备时就制作好的短片。在访谈现场播放短片不但具有承上启下的作用,还能够把和访谈内容相关的背景资料及其他信息简明扼要地表现出来。

  李小萌:给大家介绍一下,刘学红女士,她就是1977年那一届的考生,我们欢迎她。首先我们要"验明正身",怎么证明您是1977年那一届的考生?

  刘学红:我带的是当时参加高考时候的一个准考证,1977年的。

  李小萌:您展示一下给大家看看。看不清吧,瞧,我这儿有一个大的。那个是原件,当然珍贵了。这是刘学红的准考证,当时年轻、漂亮的小姑娘,那时候您多大?

  刘学红:20岁。

  李小萌:这上面写的是密云县岭中。

  刘学红:对,叫高岭中学,所以简称岭中。

  李小萌:您那时候在密云插队,所以就在密云考,是吧?

  刘学红:对。

  李小萌:文科,姓名,这个确实证明是12月10日、11日、12日三天考。这个据说国家博物馆要当文物收藏,是吗?

  刘学红:本来5月份要收藏,后来因为电视台要做节目,说最好留原件,做节目千万得注意别给人家弄坏了。

李小萌：你手里拿的已经是一个文物了。现在被人家提起你这30年前考试的事儿，我觉得你自己说的话最逗，说不知道为什么我又像古董一样被人翻了出来，无意当中参与了历史。

刘学红：对，好像无意当中成了一个历史的见证似的那种感觉。

李小萌：也是一个幸运。要是现在的高考的学生，考试一完几乎要把所有跟考试有关的东西恨不得撕了、烧了、扔了，您一直留着，留了这么多年。

刘学红：是。

李小萌：为什么？

刘学红：因为我感觉特别珍贵，当时知道高考也是非常突然，从知道高考到参加考试，不到两个月的时间，而且我们已经在农村插队将近两年的时间了。当时是上山下乡，因为被当时的那种宣传、鼓动激起来的激情经过了一年以后，就慢慢也消退了。当时是不敢公开说的，就感觉到自己的价值没有得到充分体现，与当时自己那么兴高采烈、热情激昂地去农村的时候，有了一个相当大的距离。最明显的感受就是说你这个人的价值体现在哪儿呢？我感觉它就好像体现在体力上。就是你在农村，干活就是农村的那个体力活，你的工分的多少跟你体力的大小是成正比的，跟别的任何事情没有关系，所以我觉得这个事情，我觉得作为人生来讲，我觉得有点灰……

李小萌：找不到人生的价值在哪儿？

刘学红：对，我觉得人的价值应该体现在更多的层面。

李小萌：所以这张准考证是改变了命运的一个纪念。

刘学红：对。

李小萌：今天让您来，我们请一个小伙子给您准备了一首赞美诗，来，给念一下。

观　众：一年一度秋风劲。转眼之间，从去年金色的10月，欢乐的10月，到今年丰收的10月，胜利硕果累累的10月，已经整整一年了。我——一名普通的上山下乡知识青年，在广阔的农村，沸腾的田野上也度过了这战斗的一年。

李小萌：谢谢你，给念得这么好。大家听着可能有点觉得突然，但是刘女士并不觉得突然，你再熟悉不过了，对不对？

刘学红：也淡忘了，最近才给翻腾出来了。

李小萌：您那篇作文是印在《人民日报》上，你原件应该也有保存吧？

刘学红：没有，我这个还是复印件。

李小萌：只是复印了一下是吗？我来看看，《我在这战斗的一年里》。

现场嘉宾刘学红的出场和准考证的展示是亲历者又一次对恢复高考后第一次考试的现身说法以及物证的展示。另外，主持人邀请现场观众朗读刘学红的高考作文，不但为现场增加了悬念，也给颇具历史感的访谈节目增添了一些温情色彩。刘学红的这篇高考作文当初因为获得了满分而被《人民日报》全文刊登，她也被北京大学录取。

李小萌：后来刘学红女士上的是北大，都说你们这77、78届是有史以来所有的各届大学生当中最勤奋刻苦的一拨人，是这样吗？

刘学红：应该是，因为刚才说了，1977年是积累了10年的，也不算精英吧，就是10年被耽误的学生。像我们班就是年龄相差16岁，最小的是16岁，最大的32岁。

李小萌：都是隔代人了的感觉。

刘学红：对，有的带着孩子来上学，我觉得可能大学对他们来讲，都是个意外惊喜，从来没有想到自己可能还会有机会上大学。包括我，虽然耽误的时间短一些，不到两年，但是也是感觉到，这个知识，这个大学梦对自己的影响。所以到了大学以后，大家就恨不得把被"四人帮"耽误的时间赶快给夺回来，所以当时学习气氛非常浓。

李小萌：怎么夺回来呢？

刘学红：我记得我们当时图书馆占座、抢座，那不叫占座了，真是抢座。5点多、6点多，好多同学是起床以后就开始跑到图书馆去等着开门，然后每天上下课，因为中间还要上下课，北大图书馆走廊里头熙熙攘攘全是人。当时我们有个同学写了一首诗，他就写图书馆,好像叫《轰轰烈烈地静》,用了这么一个词儿,就是把两个相反的词儿放在一块,确实是能形容当时的壮观景象。

李小萌：77、78级不仅仅是最刻苦、最勤奋的学生,现在也是各行各业的中流砥柱。您先介绍介绍您的职业是什么,再给我们讲讲你们班上有什么厉害的人物。

刘学红：我毕业的时候当时是毕业分配,我的第一志愿,就是我的第三个幸运了,第一志愿被分到《中国青年报》,而且一直干到现在。在2000年的时候,由于网络的兴起,我和我们报社的一些人一块共同创办中青在线,一直到现在。

李小萌：您是中青在线的总经理。

刘学红：对,我们同学现在我觉得有三个部分吧,一个部分还是留在新闻口,包括咱们央视的副总编辑就是我们同学孙冰川,还有《北京青年报》的总编辑,《法制晚报》的社长,还有《人民日报》市场报的总编辑,新华社的副社长,三分之一的人还是留在新闻媒体圈里,而且基本上都是中高层的骨干。

李小萌：听出来了,都挺厉害的。刚才开始的时候我说了,1000多万今年高考的考生都在准备着,您以一个最老资格的学姐的身份跟他们说两句话,会说什么?

刘学红：我觉得高考是现在学生一个必经的坎。有同学甚至可能觉得我要没参加过高考反而人生好像有些缺憾一样,有些学生就说我就是为了要留存一个人生纪念,一个人生的经历,我也要参加一次高考。我觉得大家应该以这种心态,把参加高考当作自己人生的一段非常珍贵的这种记忆和纪念来对待,不要太紧张,不要把结果看得太过于严重。

到了节目的最后,主持人依然是让嘉宾说一句话,但是这次不是对访谈的一个总结言论,而是希望刘学红"以一个最老资格的学姐的身份跟他们说两句话",像这样的随机应变和即兴发挥,是访谈节目主持人应该具备的能力,也能够为节目带来一些新鲜感。

第三节　补充练习材料

《新闻会客厅》马国力：四次传递奥运火炬

[内容速览短片]：他曾经有过四次当奥运火炬手的经历，如今依然不满足，希望还有第五次的经历。他就是北京奥林匹克转播有限公司（BOB）首席运营官马国力。今天他做客《新闻会客厅》，与您分享当奥运火炬手经历的喜悦和激动。

解　说：1992年巴塞罗那奥运会，组委会邀请了8名中国人来到东道国参与火炬接力活动，其中就包括中国中央电视台体育中心主任马国力。这也是中国人的身影第一次出现在奥运会火炬传递的队伍当中。

　　　　2000年的悉尼奥运会，马国力作为亚广联的代表，再次受到邀请，参与了在澳大利亚境内进行的火炬接力活动。

　　　　两年后的盐湖城冬奥会，马国力第三次参与了传递奥运圣火的活动。这样，他就成了担当火炬手任务次数最多的中国人。

李小萌：您好，观众朋友，欢迎来到《新闻会客厅》。6月24日，北京奥运会火炬手的选拔活动正式启动了。一个人一生当中如果有一次这样的经历已经相当难得，但是有这样一个人，他已经有过四次当奥运火炬手（的经历），但是还不满足，希望还有第五次的经历，他是谁呢？（他）就是曾经被称作影响世界体育50人当中之一的马国力先生，欢迎您。

马国力：谢谢。

李小萌：像刚才我说的，您是不是太贪心了一点，已经四次奥运火炬接力过了，还希望再有一次？

马国力：是，这是希望，因为我做体育报道，做体育电视报道这么多年，我当然希望能够在自己家门口有这么一次机会做一次火炬手，作为一种永久的纪念。相信很多人都和我有相同的想法和希望，但是只不过没有我这么接近而已。

李小萌：您还挺实在的。我就想问能做四次是不是因为近水楼台？

马国力：当然有点。因为是这样，奥运火炬手的选拔，不是选拔，国际奥委会有这么一个不成文的做法，就是历届奥运会都会给各个转播商拥有版权的电视台一些名额，参加火炬接力，让大家都感受一下。实际上我在过去的这四次里，除了1992年那次是由中国奥委会和可口可乐公司邀请的以外，其他的几次基本都是国际奥委会的市场部和组委会的电视机构邀请到这儿跑一下。

李小萌：这么希望还做这个火炬接力手，是因为举着奥运的火炬跑起来感觉特别棒，是吧？

马国力：普通人感受奥林匹克、参与奥林匹克，火炬接力是最直接的方法，而且是印象最深的方法，它能够影响一个人一生对奥林匹克的看法。所以我觉得作为奥运会的火炬手，能够体验这么一下，是一生难以忘却的回忆。

解　说：6月下旬北京奥运会火炬手选拔计划在京发布以来，入选奥运火炬手、真正成为奥运的直接参与者成为许多人非常具体的奥运梦想。

这是15年前巴塞罗那奥运会火炬传递现场，这也是奥运火炬传递历史上第一次出现中国人的身影，而画面中这位幸运的男主角正是马国力。就是这不到两分钟的时间，让马国力一生都难以忘却，而这种边传递火炬边报道的特殊形式，也成为奥运火炬传递史上的第一次。此后在2000年，马国力又出现在悉尼奥运会火炬接力中，2002年和2004年，盐湖城冬奥会和雅典奥运会也相继邀请了他。马国力也因此成为中国参加奥运火炬接力次数最多的人。

李小萌：什么样的人可以成为火炬手，我们也从网上找到了五条标准，我们看看马先生符合不符合。

马国力：第一条，热爱祖国，热爱奥林匹克运动。我当然符合了。第二条，我现在正在做着为奥运会（服务）的工作。第三个，应该是特殊一点，我这个行当比较特殊，这个位置比较特殊。第四个，我相信我也是。

李小萌：品德高尚，乐于奉献。

马国力：其实和第一条差不多。第五个，我现在正在做着贡献。要说起来，应该说至少我没有不符合这五条。

李小萌：哪条您觉得最贴切？

马国力：我觉得第一条可能是最贴切的。

李小萌：可是我觉得能够满足第一条的人是最多的。

马国力：对，所以说奥林匹克的火炬接力其实是一种大众的运动。我记得我跟那个时候奥委会主席罗格在哪儿见到的时候，我说我认为中国的北京奥运会应该至少有10万人来参加火炬的传递，因为中国人太多了，而且确实是希望能够让更多的人感受到这种奥林匹克精神。

李小萌：五条都符合，我最希望听您解释为什么您觉得第三条符合。

马国力：第三条符合，因为我在中国的体育电视里做的时间长，我可能比其他人都时间长一点吧。

李小萌：您觉得在本行业作出的突出成绩是什么呢？对您来讲。

马国力：这不是我谦虚，我不觉得我本人是有什么特别突出的成绩，我只是觉得我赶上了一个非常合适的时间，正好赶上过去15年到20年，中国的电视，特别是中国的体育电视飞快发展，我又在那个主管的位置上，我显得比较突出。

解　说：早在1912年，"现代奥林匹克之父"顾拜旦就曾经这样表述过火炬手的作用：在圣火从希腊奥林匹亚传递到举办城市的过程中，火炬手不仅肩负着传递圣火、传播奥林匹克精神的使命，还要以自己的人生故事和高举圣火的形象激励、鼓舞整个世界。

　　　　作为参与奥运火炬传递最多次的中国人，有人说马国力的人生或许冥冥之中就是一个为传播奥运而来的人生。早在25年前他进入央视，就与体育报道结下不解之缘。1989年，他首创中国最早的专业新闻栏目——《体育新闻》。1995年，又是在他的带领下，国内第一家体育频道诞生。

　　　　1984年美国洛杉矶奥运会，中国电视人第一次参与奥运报道，虽然更多只是以观摩和学习的身份参与其中，但那也是马国力第一次真正走进这个世界级的体育盛会。从那以后，央视历届奥运会的转播现场再也没有缺过马国力的身影。16年中，马国力共参加了六届奥运会的报道工作。在他的带领下，中央电视台奥运报道团队制作和转播的奥运节目超过 5000 小时。到今天,奥运会和奥林匹克精神从来没有如此近距离地通过电视屏幕走进中国人的生活。也正因为这样的原因,英国《卫报》2000 年评选"对世界体育影响最大的 50 人",马国力名列其中。

  然而马国力与奥运的缘分似乎还远不止于此,包括他自己也不可能想到,24 年前只能在奥运转播现场外围远距离观望的中国体育记者,24 年之后,他将成为主宰全球奥运转播最为关键的人物之一。2004 年 10 月,马国力离开中央电视台体育中心主任的岗位,正式就任北京奥林匹克转播有限公司(BOB)首席运营官。

李小萌:您现在所属的机构叫北京奥林匹克转播有限公司,您用最通俗的语言告诉我们,您现在是干什么的。

马国力:我的正式头衔叫首席运营官,其实说白了就是一个总经理,保持这个公司的日常运转,正常运转。

李小萌:用最通俗的话说是说您下海了吗?

马国力:不是,我们这个公司好就好在不管挣钱。

李小萌:只管花钱?

马国力:这个公司有固定的预算,只是服务性的公司,给谁服务呢?给各个电视台服务,就是这么一个任务。我们没有广告部,没有市场部,只是把奥运会的电视信号和奥运会的电视服务做好,这就是我们唯一的职责。

李小萌:您当时离开中央电视台体育中心到了现在这边,所有人都关注您这个选择。您也说到新环境之后适应了好一阵,这个适应期过去了?

马国力:早就过去了,我这个人适应得很快,我基本上有几天,不到一个月就适应了。

李小萌:这个选择在您整个大半辈子里边属于一个什么样分量的选择?

马国力:一种终极选择。

李小萌:不是重量级的?

马国力:终极,结束的选择。首先,在自己家门口办一届奥运会,这是我做体育电视这么长时间的一个梦想,而在自己家门口奥运会的体育电视上面,又能够起到主导作用,或者起到关键性作用,这也是我的希望。再一个,就我对整个奥运会制作的了解,我确实认为我在 BOB 这个位置上,对我本人来讲,对中央电视台来讲,或者对整个中国的体育电视来讲,是大家比较认可的,或者说比较简单的这么一个选择,我也喜欢,所以说适应起来会很快,我不是被强迫去的。

李小萌:尽管您已经到了这样的一个境界了,但是选择的时候,人总得要衡量个人的得失嘛。

马国力:是,有很多人说作为东道主电视台,体育中心主任这个位置在奥运会期间,在北京,在东道国,特别在明年的时候是可以最大限度发挥自己的,我知道这一点。

李小萌:我们也帮您总结了一下,这个其实是您接受文字记者的一次采访。第一,有时候文字特别需要和当事人核实。第二,当事人一旦面对镜头的时候,说法有可能改变。所以我们就白纸黑字地梳理了一下,您看看,如果当时留任体育中心,好处是办一个大规模的报道,轻松地胜任,变革中获得更大的天地,是主导的。

马国力:我觉得第四条其实不准确。从我本身来讲,我哪个也不愿意放弃,但是就是刚才咱们说的,所有的好事不能让一个人都占着。

李小萌:咱们就看看去了 BOB 的好处都有什么。好处是,在国际体育电视界获得认可,可能最影响世界体育就不是 47 名了,要 37 名、27 名了。

马国力:那倒不是那个意思,其实这还是一个个人内心的感受吧。为什么我做这个首席运营官,其实也就是说国际这些同行想起来,中国体育电视找马国力吧,他可能会更合适一些,是这么个考虑。

李小萌:提升中国体育电视制作能力这个刚才讲了,少了不可不做但又不愿意做的事儿。

马国力:这个听起来比较拗口,但是我可以这么讲,BOB 作为一个合资公司,它是一个公司体制,毕竟和国家机关、国家事业单位相比要简单一些。

李小萌:明白人能理解您说的是什么。第四条,世界最高水平电视标准的制定者。

马国力:其实是制定者也是执行者,因为奥运会的电视转播是体育电视转播里的最高水平。当然了,我们的这个标准是根据以往每届奥运会总结的,然后都给它提高一块,这个作为北京来讲又有北京的新标准。

李小萌:现在不管哪个行业的最高境界,不是执行标准而是制定标准。

马国力:制定但是本身也是一种执行,监督别人执行或者说自己。

李小萌:看看有坏处吗?一把手变二把手。

马国力:对。

李小萌:这确实吗?能感受到吗?

马国力:我的老板是西班牙人。

李小萌:您做惯一把手了,成二把手好适应吗?

马国力:这看需要,当然这里和过去确实有不一样的地方。任何人都会有老板,任何人都会有上司,在一个你对他非常佩服的这种上司的手下工作,其实有的时候也是一种学习,也是一种享受。

李小萌:但就您这个下属经历和江湖地位来讲,他是不是也要敬您几分?

马国力:对,他对我也非常尊重,但是我对他是非常敬重,他比我大一轮。他从1968年就开始做奥运会(转播),人家确实是非常非常有经验。

李小萌:对您来讲也是一个前辈了。

马国力:对。现代奥运会的电视标准其实就是他制定的,他是1992年巴塞罗那奥运会的电视主管。实际上电视从(20世纪)80年代末到90年代初是飞速发展的,最简单的数学就是,原来的一个转播车就是6台摄像机、8台摄像机,到了90年代初就是12台、16台、18台,这是一个非常简单的数量的增加,但是数量的增加其实就给了制定标准者一个新的标准的可能性。所以像现在很多的用途,例如像田径上的跑道跟拍的摄像机,还有其他那种特殊角度的,游泳池里边的这些,都是从巴塞罗那那时候开始的,所以他是一个真正的原始制定者。

李小萌:好,接下来这也算弊端,接受服务者变成了提供服务者。

马国力:当然了,你享受服务嘛。

李小萌:驾轻就熟变成从头开始。

马国力:当然不能说完全从头开始,因为我过去的长处和经验在于组织报道和制作节目,而现在组织报道对我来讲一点没有用,我现在要更多地去了解整个流程，例如现在说的我们国际广播电视中 IBC 里面哪块今后要提供给世界广播者来做报头，我们可能会要求整个机构的所有者，这个建筑的所有者，你把这块玻璃给我们换成透明玻璃，换成无反射玻璃。例如向各个机构提供电压，还有空调，这些事情我是原来从来没有（考虑过）的，我只是说，我要这一块 400 平方米，你现在就要考虑到这个。

李小萌：这种变化我觉得并不难。

马国力：对，了解多了以后没有什么，我感觉印象很深刻的一个就是，奥运会 BOB 这个更有计划性，它和电视台的工作相比更长远一些。比方说转播车，从去年年底到现在，上半年全都订完了。原来我们的传统做法，我提前三个月再给你打个招呼行不行，对不起，就没有了。没有怎么办？那就出大事了。所以从规模上来讲，和整个的运作方式来讲，实际上和中国电视相比，和中国的组织结构相比，(BOB) 会更成熟一些。

李小萌：一般我们做事情常常说有中国特色，这个新组建的公司在中国，在北京办这个奥运会，我们的介入方式、介入程度和您的理想状态有什么样的特色？

马国力：对，你说得对，中国特色，BOB 最大的中国特色就是合资公司。因为国际奥委会有一个规定，从 2001 年开始，任何申办城市必须同意电视信号要由国际奥委会来负责，像伦敦也是国际奥委会来管。尽管它有丰富的人力资源，但是在中国，按照中国的这种传统做法和我们现行的法律法规的规定，就是做成了一个合资公司。而合资公司的最大特点和以往的这种电视机构相比，有一个在合同上写上的条款，就是奥运会之后要给中国留下丰富的体育转播人才遗产。这一条在以往的合同里边是没有的。

李小萌：但是所谓的这种遗产，这是一个很虚的一种形容，怎么把它具体化？

马国力：像中央电视台，现在就乒乓球和羽毛球两个项目的制作来讲在全世界是第一的。国际乒联和国际羽联都认可中央电视台的制作，为什么呢？因为我们的制作队伍参加了 2004 年雅典的奥运会，经过这种磨炼以后现在是最好的。而有了这个基础,在北京举办的这次,我们一共有7个体育竞赛项目,也就是四分之一的竞赛项目是由中国的电视团队来制作的,这其实是最大的一个遗产。因为你做完了这以后,你去问问体育中心这些人,他在下一次再做的时候就知道该怎么做了,他就不会满足于低水平的制作。

李小萌:您能发挥的又是什么呢?

马国力:我做完了就完了。

李小萌:中央电视台其实是您的客户中的一个。

马国力:对,非常主要的一个。

李小萌:在一些事情处理的时候,您的胳膊肘能不能往外拐拐?

马国力:不,原则允许的情况之下。

李小萌:尽量往外拐。

马国力:不,BOB的力量是一种集体的力量,完全的团队化操作,我个人在里边没有什么太大的力量。但是这里边用不着胳膊肘往外拐,东道主电视台有东道主的优势,只要中央电视台充分利用这种优势,当然,如果他们不知道,我会提醒他们,但是我也不可能说不能这么做的事情我一定要去这么做。如果中央电视台到时候没有李小萌的证件,你找我去了,我也不能给你走后门,我可以给你走个当日的证件让你到那儿。

李小萌:可以给我一张票像观众一样,这也不错,我可记着。

解　说:对于马国力来说,BOB首席运营官这个职务任期四年,随着2008北京奥运结束,这个转播机构也将结束它的历史使命。到那时,马国力充满奥运情结的人生故事又会如何续写?

李小萌:我知道这个问题您不会直接回答我的,因为您一直对媒体都是说还没有时间想那时候的事儿。

马国力:我认为我现在不应该去想以后的事情。

李小萌:那这么说吧,对于您自己将来的去处我们没办法去了解,但是您手下有那么多从中国以前的媒体当中到BOB来工作的下属,他们的未来您要考虑。

马国力:我相信他们会有非常非常光明的前景,这是我跟我们的这些中国雇员说的话,为什么?我坚信2008年奥运会只是中国体育改革的一个开始,在今后会有更多的赛事到中国来,到北京来,会有更多的项目市场化,会有更多的国外媒体、公司包括市场,到中国来建立自己的公司也好,或者办事处也好,或者建立合资公司也好。而我们现在BOB的这些中方员工,经过这种大场面的演练,尽管可能他的眼界跟具体将来从事的工作没有直接的联系,但是一个人,我还是这么说,你在2008年登上了珠穆朗玛峰,那个时候你不会再觉得其他还有比你高的地方,你可以理解这种一览众山小的感觉。所以我相信在2008年奥运会以后,我手下这些人会有非常光明的前景,我一点不愁他们今后找工作,当然了,我会把推荐写得很实际,很好。

李小萌:我明白,连下属前景都很光明,您就更是一片光明了。

马国力:我毕竟和他们不一样,他们都是年轻人,我完了事儿以后就56岁了,咱们国家的退休年龄是60岁。

李小萌:您那么服老吗?

马国力:制度就是制度。

李小萌:但是我看得出您心里很有底。

马国力:我要是现在就为今后去考虑,那你想想我的手下怎么办。而奥运会期间是最要劲的时候,如果你要不定住,很多人都是在8月份以后、9月份以后就要考虑到今后的工作了,那怎么办呢?所以应该从一个部门的主管来讲,一开始就不要给任何人这种概念,就是我现在必须要考虑到今后,而且我相信奥运会之后,这些经验都是有用的。

李小萌:您说2008年北京奥运会是您包括您这一代人唯一的一个机会,这个机会您牢牢地抓住了吗?

马国力:我抓住了,我现在作为BOB的首席运营官就说明我抓住了这个机会,我要做这么一件事情。

李小萌:没有错过任何吗?

马国力:你又回来说,人总是这样,但是我相信我会在2008年奥运会期间,一个眼睛盯着我的公用信号,一个眼睛盯着中央电视台的体育报道,这也是我的享受。

李小萌：好，希望能够在电视画面上看到您举着北京奥运会的火炬。

马国力：谢谢，画面有没有没关系，但是我得跑一次。

李小萌：好，谢谢您。

(《新闻会客厅》2007 年 7 月 5 日播出)

第五章　电视新闻现场报道

在电视新闻节目中,现场报道是电视新闻采访的一个重要内容。随着电视新闻的发展,这种本来属于新闻报道前期工作的采访报道变成了一种节目形式,把记者或者主持人的采访报道过程直接呈献给电视观众。这种电视新闻报道形式不但符合新闻的原则,更因具有现场感和真实性受到广大电视观众的欢迎。

电视新闻现场报道是新闻播音员、主持人应该掌握的一门技巧,它要求电视新闻播音员、主持人除了有很强的语言表达能力,还要有过硬的新闻记者素质。因此,本章除了介绍一些电视新闻现场报道的基本理论知识,还结合具体实例来讲解现场报道技巧。

第一节　理论概述

电视新闻现场报道是电视新闻采访报道的一种。同报纸和广播采访报道一样,电视新闻采访报道要遵循新闻采访报道活动的基本规律,并运用一些具体的采访报道方法,只是所采用的处理新闻事实材料的手段不同而已。平面媒体以图片和文字形式将新闻事实呈献给读者;广播媒体以有声语言和音响形式将新闻事实呈献给听众;而电视媒体则将采集到的新闻事实的声像材料转化为连续的画面、同期声和字幕等信息进行传播,让观众的视觉、听觉一起来接收新闻信息,这也是电视媒体的一个独特之处和最大优势。

业界对新闻采访的定义有很多:"采访是新闻记者(包括业余报道者)为进行新闻报道所作的了解客观情况的活动。"①"(新闻采访)是新闻工作者为搜集新闻素材而进行的、带有特殊性质的调查研究活动。"②"新闻采访是新闻工作者为了报道新闻而进行的各种采集和分析新闻事实材料的职业性活动,是全部新闻工作的基础和前提,也是每个新闻工作者都应该掌握的一项基本功。"③……

从以上定义可以看出,新闻采访的主体是记者,目的是报道和传播新闻事实,客体是新闻事实,方式则是特殊的调查研究以及素材的采集和编辑活动。

以电视为传播媒介,电视新闻采访则可以被理解为"电视新闻工作者利用电视技术手段,为进行电视报道而进行的素材采集活动"。具体说来有如下几个要素:(1)拍摄:摄像机摄取声画一体的现场形象;(2)记者出镜:记者出镜提问、访谈、交流等动态过程;(3)画外采访:记者进行的文字、背景、资料等非形象素材的采集等。④

电视新闻采访有很多方式,比方说现在常用的等候采访、跟踪采访、即席采访、现场同步采访、体验采访、调查采访、隐性采访、远程音频连线采访、远程视频连线采访等。

如前所述,电视新闻现场报道是电视新闻采访的一种,所以在电视新闻现场报道中常用的方式也都来自电视新闻采访的方式,比如即席采访、现场同步采访、远程音频连线采访、远程视频连线采访等。

下面我们就目前电视媒体中常见的主要由新闻播音员、主持人在镜头前完成的现场报道和连线报道进行讲解。

第二节 现场报道

电视新闻现场报道是"电视新闻记者在新闻事件现场,面向摄像机(观众),以采访记者、目击者或者参与者身份做出图像的报道"。和最常见的影像新闻相比,

---

① 艾丰.新闻采访方法论[M].北京:人民日报出版社,1996:10.
② 刘海贵,尹得刚.新闻采访写作新编[M].上海:复旦大学出版社,1991:45.
③ 林如鹏.新闻采访学[M].广州:暨南大学出版社,1998:4.
④ 朱羽君,雷蔚真.电视采访学[M].北京:中国人民大学出版社,1999:2.

现场报道具有强烈的现场感,往往让观众有"身临其境"的感受。这是国际流行的一种新闻报道方式,也越来越受到电视观众的青睐。因为这样的报道方式能让观众既看到新闻人物和新闻事件发生的现场,又看到记者的活动,能极大地体现和发挥电视新闻媒体的优势。

电视新闻现场报道的起源可以追溯到20世纪70年代的美国。当时,美国已经开始使用ENG拍摄新闻,同时也将电视记者推到了电视屏幕前。以前受众看不到或者看不全的记者采访调查活动一下子直接呈献给电视观众,让受众感到新鲜的同时也极大地增加了新闻的真实感和可信性。美国著名的新闻节目主持人克朗凯特、丹·拉瑟等在越战期间所进行的大量现场报道让这一新闻报道形式风靡全球。甚至后来西方电视新闻界形成了这样一个共识:只要适合于现场报道的新闻绝不采用其他形式报道。

20世纪80年代,我国虽然也有一些现场报道,但大多不算是真正意义上的现场报道,只是由记者或者播音员、主持人在报道现场开头出图像或者在最后进行总结和评论,好像加了开头或者结尾而已。

电视新闻现场报道与其他新闻报道方式相比有明显的优势:(1)时效性强,(2)现场感强,(3)信息感强,(4)可信性强,(5)可视性强,(6)独立性强。现场报道的这些优势让它可以在一个时段里对某个重要新闻事件进行直播报道,并独立成为一个新闻节目。有些现场报道是以随机的形式出现的,比方说《香港回归十周年》大型直播等;有些则是以常设固定栏目形式出现的,比方说江苏城市频道的《绝对现场》等。

一、开场白、结束语形式的报道

《新闻联播》等节目中经常会出现随国家领导人出访的播音员、主持人从出访现场发回的一些报道。

> **例1:习近平出席金砖国家领导人第十次会晤并发表重要讲话 强调金砖国家要深化战略伙伴关系 让第二个"金色十年"的美好愿景变为现实**

康辉:(现场报道)金砖国家领导人第十次会晤当地时间26日在南非约翰内斯堡

举行。会晤由南非总统拉马福萨主持。中国国家主席习近平、巴西总统特梅尔、俄罗斯总统普京、印度总理莫迪出席。五国领导人围绕着"金砖国家在非洲:在第四次工业革命中共谋包容增长和共同繁荣"的主题,就金砖国家合作以及共同关心的重大国际问题深入交换看法,达成广泛共识。

解说:上午10时许,国家主席习近平抵达衫藤国际会议中心,南非总统拉马福萨热情迎接。金砖国家领导人集体合影。

习近平发表了题为《让美好愿景变为现实》的重要讲话,揭示新工业革命突出特点,就金砖合作未来发展提出倡议,强调金砖国家要携手努力,共同推动建设持久和平、普遍安全、共同繁荣、开放包容、清洁美丽的世界。

习近平指出,18世纪以来三次工业革命颠覆性的科技革新,带来社会生产力的大解放和生活水平的大跃升,从根本上改变了人类历史发展轨迹。如今,我们正在经历一场更大范围、更深层次的科技革命和产业变革。新技术、新业态、新产业层出不穷,各国利益和命运紧密相连,深度交融。同时,世界经济深层次、结构性问题和地缘政治冲突、保护主义、单边主义直接影响到新兴市场国家和发展中国家发展的外部环境。

习近平强调,金砖国家要把握历史大势,深化战略伙伴关系,巩固"三轮驱动"合作架构,让第二个"金色十年"的美好愿景变为现实。

第一,释放经济合作巨大潜力。我们要加强贸易投资、财金、互联互通等领域合作,把合作蛋糕做大做实。坚定维护基于规则的多边贸易体制,推动贸易和投资自由化便利化,旗帜鲜明反对保护主义。坚持创新引领,通过建设金砖国家新工业革命伙伴关系,加强宏观经济政策协调,实现发展战略深度对接,提升金砖国家及广大新兴市场国家和发展中国家竞争力。

第二,坚定维护国际和平安全。我们要继续高举多边主义旗帜,维护联合国宪章宗旨和原则,敦促各方遵守国际法和国际关系基本准则,以对话解争端,以协商化分歧,共同构建相互尊重、公平正义、合作共赢的新型国际关系。

第三,深入拓展人文交流合作。我们要继续以民心相通为宗旨,广泛开展各领域人文大交流,不断增进五国人民相互了解和传统友谊,筑牢金砖合作民意基础。

第四,构建紧密伙伴关系网络。我们要在联合国、二十国集团等框架内拓展"金砖+"合作,扩大新兴市场国家和发展中国家共同利益和发展空间,推动构建广泛伙伴关系,为世界和平与发展作出更大贡献。

习近平强调,金砖的未来掌握在五国人民自己手中。让我们同国际社会一道,共同建设一个持久和平、普遍安全、共同繁荣、开放包容、清洁美丽的世界。

拉马福萨表示,当今世界单边主义和保护主义抬头,对新兴市场国家和发展中国家带来消极影响。金砖国家需要加强合作,维护多边秩序,维护联合国的中心地位,维护世界贸易组织规则。南非支持金砖国家建立新工业革命伙伴关系,把握好第四次工业革命带来的机遇,在金砖合作第二个"金色十年"实现更好发展,共同走向人类命运共同体更加光明的未来。

特梅尔表示,金砖国家面临相似发展任务,应该加强团结,共同应对当前面临的风险和挑战,对接发展战略,扩大合作领域,加强科技竞争力。

普京表示,面对当前复杂多变的国际环境,金砖国家要团结协作,坚持多边主义和国际规则,共同致力于维护经济秩序,推动高质量、平等的发展和通过政治手段妥善解决地区热点问题。金砖国家要密切在多边框架内合作,增强在国际事务中的影响。

莫迪表示,金砖国家是世界增长的重要引擎。面对保护主义抬头、多边体系面临挑战,我们要积极参与完善全球治理,弘扬多边主义,促进自由贸易,推动全球化向普惠方向发展,更好维护发展中国家利益。

会晤期间,五国领导人听取金砖国家安全事务高级代表会议主席、金砖国家工商理事会主席、金砖国家新开发银行行长分别汇报工作情况。

会晤发表《金砖国家领导人约翰内斯堡宣言》,就维护多边主义、反对保护主义发出明确信号,决定启动金砖国家新工业革命伙伴关系,深化在经贸金融、政治安全、人文交流等领域合作。

会晤结束后,五国领导人共同见证多项合作文件的签署,并通过视频连线,观看人类摇篮遗址实时图像。人类摇篮遗址位于约翰内斯堡西北部,这里发现的人类先祖化石约占全球总数的一半,为探索人类起源提供了重要线索,1999年被列入世界遗产名录,随后五国领导人共同印制手印留念。

丁薛祥、杨洁篪、王毅、何立峰等参加上述活动。

(《新闻联播》2018 年 7 月 27 日播出)

这是一则典型的"开场白"式的报道,播音员在标志性建筑或者典型建筑物前进行相对固定位置的报道,一般用于对某一事件较为官方和正式的报道,比方说国家领导人出访或者外事活动以及在重要地点发生的重要事件等。

观众一般能够在播音员身后看到标志性建筑或者环境,能够通过播音员的着装感受到当地的天气情况和气候特点,也能够从播音员的面貌上去判断新闻事件的基本态势和进展情况。因此,播音员在做这样的现场报道的时候,一定要注意每个细节,除了有声语言的准确表达之外,还要注意一切可能在画面中出现的副语言所传达的信息。

例 2:【科学发展·共建和谐】建设创新型国家:大连重工起重集团依托集成创新抢滩风电设备市场

大连台记者马远鹏:(现场报道)我身后是大连重工起重集团制造的第 259 台 1.5 兆瓦风力发电机组,这种设备刚刚在华能威海风电场通过了连续 500 小时无故障运行的验收,正式并网发电。

解 说:这也是国产大功率风电机组第一次装备兆瓦级风电场,此前大功率风电设备一直被国外企业垄断。2003 年,起重集团看准了风力发电的巨大发展潜力,从德国引进大功率风电设备技术。轮毂是风力发电机组上唯一转动的部件,公司聘请的国外专家曾断言,没有一年以上时间不可能制造成功。

同期声:大连重工起重集团铸钢公司副总经理查浩:我国许多风厂在冬季要达到零下 40 摄氏度,在这种条件下,轮毂要承受巨大的冲击力,而且保证 20 年不坏,这个要求非常之严。

解 说:最后,研发人员硬是只花了 7 个月时间,制成了合格的轮毂。去年 7 月,我国第一台拥有自主知识产权的1.5兆瓦风电机组问世。凭借国产风电机组的低成本优势,公司在一年时间里就中标风力发电机2000多套,总装机容量相当于三峡水电站的1/5。

同期声:大连重工起重集团董事长宋甲晶:那么明年将在这个基础上要研制出3兆瓦的、陆海两用的风力发电机组。

(《新闻联播》2007年6月17日播出)

　　这也是一则现场报道,记者身后的就是报道的主体——大连重工起重集团制造的第259台1.5兆瓦风力发电机组。记者报道开场的语言不多,言简意赅,非常清晰地向电视观众报道了新闻的主要内容。

例3:中国东盟合作之旅友谊关出征

解　说:4月24日,在广西凭祥的友谊关,一道新的合作之门徐徐开启。中国之旅采访团举行出关仪式。来自凤凰卫视、中国国际广播电台、广西广播电影电视局的采访团员代表走下车接受大家的鼓励和祝福。授旗结束后,9辆载着近40位媒体人的采访车队在边境民众的锣鼓声中通过友谊关首发越南。

同期声:采访广西壮族自治区党委书记沈北海。

解　说:50天的电视行动,采访团行程超过2万公里。穿过越南后将进入柬埔寨、老挝、缅甸、泰国、马来西亚、新加坡、印度尼西亚、文莱、菲律宾等10个东盟国家,一起观察、记录东盟国家的发展,探讨中国与东盟未来的合作前景。

记　者:(现场报道)2007年8月,东盟将迎来40岁的生日。40岁的东盟如何推动经济的一体化,中国和东盟自贸区的建设又如何深入推进,对于这些各方所关注的问题,媒体将成为一种新的力量给予观察和解读。凤凰卫视沈宇、刘海燕广西友谊关报道。

(《凤凰早班车》2007年4月25日播出)

这是比较典型的"结束语"式的现场报道。记者同样站在标志性建筑前,形象端庄大方,着装得体自然,手握有台标的话筒在镜头前向观众进行报道。和"开场白"式的现场报道有所不同,这种"结束语"式的现场报道相当于新闻的结尾部分,因此在有声语言的表达上要有一个落幅,以示段落和意思的结束。

正如这个例子所示,有些"结束语"式的现场报道末尾往往还要加上"×台记者报道",或者是"×台记者在××发回的报道"。这是一种形式,根据各个台或者节目的不同要求而有所不同,但都符合新闻报道的一般规律。

我们在进行"开场白"式现场报道和"结束语"式现场报道时,具体的表达一定要有所变化,而且根据报道内容的不同,语言也应该有所变化。比方在开头说"观众朋友,我现在是在××",再比方说在新闻现场报道结束后报上"×台记者在××发回的报道",这样的话语单独成立,要和新闻内容有所区别。

二、对新闻现场的报道

我们所看到的现场报道的基本样式是:在新闻事件现场,记者或者主持人手执有台标的话筒,在镜头前对新闻事件做报道。镜头会随着记者或主持人的报道,运用推拉摇移的拍摄手法展现事件现场的情景。在报道的最后,镜头往往又回到报道者,这时候报道者要对新闻事件做一个简要归纳或评述。此外,还常常穿插对新闻事件的当事人、目击者以及相关人士的采访。在电视现场报道中,记者或主持人的采访活动贯穿整个过程。观众能清楚地感觉到报道者的采访能力,现场与观众的距离也因此缩短了,现场感、真实感和可信性增强了。

一则成功的现场报道应具备以下几点:(1)报道者一定是在新闻事件现场,在电视画面中做报道和采访提问;(2)报道者在新闻现场,随着事件的发生、发展边观察边叙述边评论,报道几乎与新闻事件同步;(3)必须有事件现场画面和现场同期声;(4)报道者在现场要选择标志性或者典型的背景做报道。

在电视现场报道中,记者和主持人要引导观众去观看新闻事件现场最重要、最有价值的东西,并尽可能地通过采访活动,发现并向观众简明扼要地介绍新闻事件的来龙去脉。下面我们来看获得2003年年度中国广播电视新闻奖的一则电视新闻现场报道。

例：伊拉克战争直播报道（节选）

白岩松（演播室主持人）：通过昨天我们的直播节目，大家已经知道中央电视台的记者水均益、冀惠彦和杨小勇已经经过一路的颠簸进入战时的巴格达。接下来我们连线正在巴格达的水均益。水均益，你好。

水均益：白岩松，你好。

白岩松：我们看到图像了。一天的时间过后，昨天的报道中巴格达的天气非常糟糕，今天似乎显得好一点，能不能针对天气的变化为观众朋友做一下介绍？

水均益：的确是这样，今天开始，伊拉克开始乌云散去，而且沙尘暴基本消退了。我们现在正在说话的时候，我已经听到了远处大约二三十公里传来很闷的爆炸声音。

我们今天站的位置还是伊拉克新闻中心三楼平台的位置，但是略微有所不同的，我们今天取了一个后头伊拉克烧原油的冒起浓浓黑烟的镜头。其实我们稍微偏一点，就可以看到原先我们在这儿报道的清真寺以及远处的天空。

刚才说到伊拉克的天气，的确是今天天气转好，但是唯一不好的、在我们眼里可以看到的就是后面浓浓的黑烟。这个黑烟包围着整个巴格达市，东南西北全都有非常浓烈的黑烟。

另外还有一点，从今天下午大概当地时间3点钟开始，伊拉克就开始响起了防空警报，而且在巴格达周围听到沉闷的爆炸的声音，基本是导弹的声音。我们直播开始之前，我们从天空上听到了非常明显的战斗机飞过的声音，的确这个地方已经变成了一个战场。

白岩松：水均益，最后两个小问题组合着问你，剩下的问题在下一段连线的时候再向观众介绍。第一个，你身后燃起的浓烟，在360度概念内是否还存在？第二个，就是这31个小时里你见到的笑脸多吗？

水均益：非常好的问题。第一个问题，的确是这样，360度，我们刚才也拍到这样的镜头，围绕着巴格达市，几乎我们视野里可以看到，可以数，每隔几公里一个。有的很浓的浓烟，有的地方稍微远一点，看着稍微淡一点，几乎包围整个巴格达市,全是浓烟。

第二个问题,对于我们现在来讲,见到了伊拉克人,当然,一些朋友、一些熟人,见了面还是笑脸。但是笑脸之余,大家说的一句话就是:"当心点,多保重。"绝大多数记者是非常勤奋努力地工作,也保持高度警惕,平时几乎没有时间跟你聊天,或者说点其他的。多数的情况下全是讨论时局,讨论安全的情况,住在那儿安不安全。大街上看到伊拉克老百姓,更多的人脸上写着"紧张"两个字。

白岩松:非常感谢你带来的报道,下一次连线的时候我们再向观众朋友介绍。谢谢。

(中央电视台 2003 年 3 月 27 日播出)

这种对国际新闻大事的直播在中央电视台发展史上乃至中国电视新闻史上都是第一次,意义重大。许多国际主要媒体都对中央电视台的这次直播报道给予了赞誉。

在这一节选中可以看出,水均益在巴格达市的现场报道几乎体现了电视新闻现场报道应具备的所有要素:在具有代表性的景物前描述了时间、地点、天气,也随着事件发展的态势边报道边评述,画面里有很清晰的同期声,所有这一切都成就了一场经典的电视新闻现场报道。

三、现场报道口头评述

1. 特征

我们在做现场报道的时候,除了准确及时地向电视观众报道现场新闻事件的发展态势外,还应该在叙述、描述的过程中对新闻事件做一个客观公正的议论或者评述。在新闻现场报道中,评述往往具有画龙点睛的作用,也能够起到引导舆论的作用。现场报道中的评述同样具有新闻评论的共性特征:

(1)明显的新闻性。新闻评论是针对新闻事实、依托新闻事实的评论,不是一般的其他范畴的评论,如文学评论、经济评论等,故具有时效性、时新性等新闻特征。

(2) 强烈的思辨性。新闻评论具有强烈的说理色彩。新闻评论依托新闻事实，无疑需要摆事实，但摆事实不是新闻评论的目的，摆事实是为了讲道理。新闻主要是摆事实，新闻评论则主要是讲道理，从新闻事实引申开来，条分缕析、逻辑严密地明辨是非，提出并论证鲜明的观点。所以，新闻评论具有强烈的思辨性。

(3) 鲜明的立场性。新闻评论担负着反映社会舆论、引导社会舆论和指导生活与工作的任务。它既然是针对新闻事实、依托新闻事实讲道理、辨是非，自然会提出并论证鲜明的观点，表现出鲜明的立场性。同时，由于新闻评论一般代表着新闻媒体的意见，所以，媒体总是力求透过新闻评论，表现出鲜明的立场观点，而且是正确的、能得到广大群众认同的立场观点。新闻评论在新闻中占有很重要的地位，它是衡量一个媒体新闻节目质量，尤其是政治水平高低的重要标准之一。

(4) 广泛的群众性。新闻评论一般针对广大人民群众密切关注而又有待深度了解、弄清原委、明辨是非的新闻事件、热门话题。正因为如此，广大群众对新闻评论的思想水平和思辨能力寄予热切的期待。新闻评论从选题内容到表现形式也都具有自觉地体察民情、表达民意且通俗易懂、易于参与等特点。

无论是播出方式还是评论形式，口头评述都拥有自己的表现优势：一是以记者或主持人个人的名义阐述对于事物的看法，便于处理某些以本台名义不容易处理好的话题，也有利于缩短评论与观众之间的距离；二是记者或主持人自己播讲，有利于把文字表达方式和口语表达方式统一起来，促使评论的文风不断改善；三是促进播讲风格多样化，使评论更加符合受众的接收习惯。但是，毕竟不是任何新闻事件和现实问题都适合以个人名义评论的，因此，口头评述尽管拥有多方面的表达优势，终究有一定的适用范围，不可能取代其他评论形式，如以本台名义发表、由播音员播送的评论等。

2. 基本要求

口头评述应该既有评论又有叙述。与复述和描述不同，口头评述不仅要描述所见所闻，更要谈出所感。夹叙夹议、评述结合的要求，使这一表达方式具有一定的难度。

根据不同的评述目的、不同的材料内容，评述的方式可分为多种类型，比如先述后评、先评后述、边评边述。但是口头评述有一定的基本要求：

(1) 新闻事实准确。"述"是"评"的基础。因此,评述中的述一定要准确、客观、公正。

(2) 事件叙述清楚。评述的最终目的在于"评","述"为评提供客观依据。因此,述既不能啰唆冗长,也不能断章取义,要简洁明了地把事实叙述出来。

(3) 立场观点鲜明。在事实准确的基础上,明确提出对问题的观点。

(4) 表述逻辑严密。口头评述是思维的产物,除了有鲜明的观点外,还必须有无可辩驳的逻辑力量。

在做现场报道时,作为主体的报道者要树立受众意识,要学会运用"对象感"这一内部表达技巧,加强与受众的交流。应该注意如下几点:一是口头评述也要做到"面前无人,心中有人",积极主动地与设想的对象交流;二是灵活运用语言和副语言传播系统,使传播潜能变为传播现实;三是报道者和播音员、主持人都被人们称为电视台的"门面",具有示范代表作用;四是报道者的口头评述传递信息、体现态度,具有帮助人们了解和认识社会的作用;五是报道者传达情感,要形象具体生动,吸引感染受众,具有鼓舞、教育、激励作用。我们的报道者要发挥好作用,担负起职能,就必须强化自身,准确定位。

例1:沈阳闹市区一家商场发生火灾

慕林杉(演播室主持人):那么在今天早上8点30分左右,位于沈阳南京北街闹市区的沈阳汽配城发生了一起火灾。据我们了解到的最新情况,这起火灾到目前为止还没有被完全地扑灭。我们来了解一下现场的情况。

解　说:今天早上8点半左右,位于沈阳南京北街闹市区的沈阳汽配城发生了火灾,本台记者在第一时间赶到了事故现场。记者发现这个汽配城建于马路旁边,共有四层楼,其中的第三层着火。

记　者:(现场报道)这里是沈阳市汽车配件中心,现在大火在消防队员的奋力扑救下已经得到了有效控制,但是现在浓烟还在不断地向外喷出。

解　说:据沈阳市公安局介绍,消防指挥中心在接警之后先后调派了12个中队、37台消防车和120多名官兵赶赴现场进行抢险救援。四个多小时之后,火势已经减弱,但是截至晚上7点钟发稿时,扑火救援工作还在紧张地进行。

慕林杉：现在已经进入春季了，也正是火灾的高发时期，所以在这里要特别提醒大家，眼下是风干物燥，所以我们的防火意识千万不要淡漠。

（《360度》2007年4月6日播出）

例2：《新闻周刊》关注公共交通（节选）

解　说：9月16日至22日，在108个城市同时开展的首届中国城市公共交通周及无车日活动，有一个共同的主题叫作"绿色交通与健康"。所谓的绿色交通，是希望市民出行尽可能地选择公共交通、骑自行车甚至是步行的方式。因此，本周在全国108个城市中，成千上万已经习惯了开车上下班的人，不得不重新选择他们久违了的交通工具。

周　锐：（河南台记者现场报道）这张卡的面值为10元，有效期为9月16日到25日，也就是说市民在这十天内可以用这张卡不限次数地乘坐公交车。

同期声：建设部城建司副司长：主要目的是节能减排，通过这次活动，不仅是一年有一个无车日，以后变化一月甚至一周有一个无车日，这样减少大气污染及交通拥堵。

解　说：本周，为了宣传这些理念，许多城市的政府官员带头乘坐公交，还有多款新型环保公车投入使用。此外，还有划定公交专用道、市民乘坐公交进行优惠等措施。

同期声：陆化普：搞公交周和无车日有多种意义，我的理解，一个意义是宣传教育，让大家树立起一个观念，我们的社会就是要公交优先，就是要大张旗鼓地提倡大家利用公共交通。此外应该还有实验的意义，就是我们实施公交周，实施无车日，个体交通的分担力会减少多少。这样实施效果怎么样，它对环境、对节能以及对交通拥挤的缓解程度会产生什么样的效果。

同期声：司机：今天开车感觉相当爽，路上车子也很少。

同期声：青岛市环境监测中心站主任：预计无车日的（污染）数据，要比日常低20%～30%。

解　说：交通畅快了，空气质量也好转了，开展公交周和无车日的效果显而易见。

但是,本周我们也看到了这样的问题,那就是除了市民的积极响应之外,各个城市主要还是通过实施交通强制限行措施,比如划定无小汽车区域,实行单双号限行,控制机动车数量进行交通管制等来推进这项活动。因此,当这场一年一度的活动结束的时候,我们最关心的是,怎么样才能够让每一个市民在每一天的清晨都喜欢绿色交通?公交优先是否会成为各个城市政府今后努力的目标?而限制私家车的快速发展,是否会成为越来越多城市的选择?

主持人(演播室):这一次公交周以及无车日,全国一共有108个城市参加,其中没参加这次活动的省会城市只有三个:拉萨、西宁和广州。前两个人们很容易理解,交通与环境的压力都很小。但广州没参加却引起很大的争议,有广州市的政协委员就质疑,你强调的困难,其他大城市也都有,没有说服力。当然也有人质疑是不是广州让汽车工业当支柱,所以不好无车呀。但除去这些,或许我们应该冷静思考一下,除了设立无车日展现一个态度之余,简单地无车管用吗?就像广州陈述的一个理由一样,一个城市里这个地方不让汽车进了,其他道路不就会更堵吗?除了类似喊口号般地让大家少开车,我们为人们能真正少开车还得多做一些什么呢?

(《新闻周刊》2007年9月22日播出)

■ 思考和练习

1. 你是怎么理解"现场报道"和"新闻采访"两个概念的?
2. 播音员在新闻现场报道中的作用是什么?与记者进行采访有什么不同?
3. 在现场报道中,记者或者主持人更应该注重哪些素质和能力?
4. 哪些电视新闻现场报道和记者给你留下了深刻的印象?有哪些优点?
5. 自己试着对身边发生的事情进行一个简短的模拟新闻现场报道。

第三节 连线报道

连线报道是指运用先进的视频音频技术,让分布在不同地点的当事者或采访对象,对新近或正在发生的新闻进行及时报道,同时展开评论和讨论的新闻报道方式。连线报道能够较大限度地实现新闻报道的双向或多向交流互动,形成全方位、立体式的报道态势,全面地解读新闻事件,从而使新闻报道更加灵活、生动。

20世纪80年代初,美国广播公司(ABC)的广播节目《夜线》(*Nightline*)较早运用了连线手段,此后伴随着美国有线电视新闻网(CNN)的开播,连线手段被运用到一些突发新闻事件的同步报道当中。从此,连线报道成为一种常规的新闻报道方式并走向成熟。

我国电视新闻连线报道起步相对较晚,直到20世纪90年代中期,中央电视台才在直播节目中进行连线报道的尝试。在对1997年香港回归、1999年中华人民共和国成立50周年国庆大典、1999年澳门回归、三峡建设等一系列重大新闻事件实现了现场直播的基础上,连线报道开始作为一种常规的新闻报道方式更多地出现在日常的新闻节目中。

2001年10月,中央电视台《东方之子》子栏目《时空连线》开播,将连线作为整个节目的结构方式和表现手段,成为中央电视台第一个专门的连线节目。2002年9月,中央电视台国际频道《中国新闻》推出了"地方连线"版块,通过北京演播室和地方台演播室连线的方式,将当地重大活动在第一时间向全世界播出,极大地增强了新闻的时效性和现场感。2003年,尤其是中央电视台新闻频道开播之后,连线报道开始频繁地出现并逐渐成为一种常规电视新闻报道手段和节目样态。

在现场报道的各种样式中,连线报道有着明显的优势:报道迅速、信息真实、极具现场感、交流意识强烈、具有思辨色彩。

连线报道的产生和发展是与现代通信技术的发展息息相关的,没有现代通信技术的发明,就不会有连线报道的产生。同时,不同的通信技术也决定了连线报道的不同实现手段,这些实现手段主要包括远程音频连线和远程视频连线。

一、远程音频连线采访报道

远程音频连线采访报道(包括电话采访)是跨越空间距离的电子采访技术手段,音频采访(包括电话采访)不仅是记者联络预约、获取线索、传递信息、核实补充采访的有效手段,而且还是一种引入屏幕的颇具吸引力的报道方式。

1. 特点和优势

(1)跨越空间。这是音频采访(包括电话采访)的显著特点。当记者向访问对象提出面谈遭到拒绝,或因为地理距离远,没有经费前去面谈时,利用音频技术则可以跨越空间进行采访。记者不但可以在本国国土内进行音频采访,还可以跨越国界进行越洋采访。

记者采访或许会被采访对象拒之门外,但有时候采访对象对持续不断的音频铃声却不能完全不理睬。西方记者经常在被采访对象拒绝当面采访之后利用音频采访(包括电话采访)完成采访任务。

(2)节省时间。不言而喻,音频采访最能节省时间。正是这种实用而又快速的特点,使音频采访成为记者的常用采访形式。当记者必须采访一个关键人物,而时间又非常紧迫,面谈已经来不及,这时音频采访就显示出其优势了。

(3)补充扩展。在新闻采访中,记者常常发现采访归来后还有个别数字、细节存有疑点,这时再去采访一次,从时间和经费上都是浪费。记者通过音频通话,将疑问提出来,请对方进一步解释即可解决问题。

除了跨越空间、节省时间和补充扩展的优势,音频采访还有一些其他好处,比如可以使采访对象轻松自如地谈话,因为他看不见记者记录、录音或录像,不会紧张。另外,音频采访还是隐性采访的一种方式。当记者不便暴露自己身份的时候,可以利用音频进行采访。

2. 局限和不足

(1)容易造成听觉上的误差。如果音频线路出故障,记者与采访对象双方可能都听不清对方的话,或许会所答非所问。另外,有些语音语调上的相似字眼可能不易在音频里辨别,以致造成失实。有位美国记者在20世纪60年代初因语音相似,将民权运动领袖詹姆斯·麦雷迪斯头部中弹轻伤误听成头部中弹命丧。

(2)获得材料有限。音频采访难免因材料有限而落空。有时记者只能得到50%的有用材料。《纽约时报》记者约翰·阿普尔创造了一天打100个电话的纪录,其中25个电话回答的是具体情况不详。

(3)缺少形象画面。音频采访不能获得亲临现场目睹、面谈的生动效果,缺少形象画面的感染力。

通过分析音频采访的优势与缺陷,我们可以根据访问对象和报道题材来考虑是否采用这一方式。

3. 基本规则

(1)交代身份,讲明意图。记者在进行音频采访时,不仅要通报新闻机构名称,也应将自己的姓名、身份一起告诉对方。然后讲明意图,消除对方疑虑。

(2)准确记录,核实要点。音频采访前,记者应将问题单、有关材料和记录本准备好。最好在所提问题下面记录,以便对号入座,有些关键点最好再核实一遍。

(3)提问简洁,语气平和。音频采访最忌问题啰唆,谈吐不清。此外,对方单凭记者声音来判断记者是否可以信赖,因此,记者千万注意讲话口气,一定要平稳和气,不要急促高调门。

(4)录音要征得对方同意。现在,音频设备附带录音系统。如果要录音,特别是要在电视节目中使用声音,必须得到对方同意。

(5)致谢与回应。音频采访结束千万不要只说一声"好了""完了",而要以礼貌的方式表示感谢。采访完毕,应将是否报道、怎样报道给对方做一个说明。

下面通过实例来了解一下远程音频连线采访报道。

例1:八国集团首脑会议就气候变化问题达成妥协

纳　森(演播室主持人):好,让我们来继续关注在德国海利根达姆举行的八国集团首脑会议。经过艰苦的谈判,八国集团领导人7日就应对气候变化问题达成了妥协,同意认真考虑德国等国家提出的关于到2050年全球温室气体排放量比1990年降低50%的建议,并一致认为,有关谈判应在联合国框架内进行。详细情况我们来看一下本台记者李宾发回的报道。

李　宾(驻外记者):会议东道国德国总理默克尔表示,这是目前八国能够达成的最佳的一个妥协方案,那么这个方案也为今年12月即将在印尼巴厘岛举行的联合国框架内的新一轮气候谈判传递着一个强烈的信号,为各国在2009年之前达成一项温室气体减排的框架协议扫清了道路。另外,八国领导人在声明中表示,为了在2009年以前达成一项新的全球减排协议,排放全球大部分温室气体的经济大国应该在2008年年底以前就各自应该作出的具体贡献达成共识。但是媒体认为,此次这项协议的达成没有就减排的具体数量和时间表作出明确表示,没有约束力,因此只能是一个被淡化的协议。在7日当天,八国领导人还就世界经济的增长和责任进行了磋商,在7日当天下午还就全球贸易自由化进行了磋商。在会议的最后一天,八国领导人还将就包括中国在内的五个发展中国家进行对话会议,会议的议题仍旧是应对全球气候变化和减少温室气体的排放。

(《新闻30分》2007年6月8日播出)

例2:《新闻调查》"上海某楼盘房价虚高内幕"(节选)

记　者:我只是想问一下,为什么你们要购买这15套房子呢?

钱思解:不要为什么,不要说为什么,你没有权利知道,我没有义务回答这个问题,我倒要问你,你要知道这个问题有什么目的吗?

记　者:钱先生,我们想了解就是为什么要购买15套住房?

钱思解:为什么要了解?

记　者:因为你们是公司的高层管理人员,涉及你们是否滥用职权问题。

钱思解:你们可以看看公司的章程,你去看看章程。

记　者:但是章程中并没有规定像你们不能购买吧?

钱思解:你去看看章程中是不是规定不允许购买。小同志,我要问问你有什么目的,你要达到什么目的你尽管说。

记　者:是这样,钱先生,我是一个记者,我唯一的目的就是了解真相。

钱思解:陆家嘴我知道的,陆家嘴联合房地产公司,这个事情非常复杂……

记　者:按当时这样的价格的话,买15套住房得花多少钱?

阎启忠:我认为得将近2000万。

记　者:2000万,我们看到她在银行贷款,大概是将近1000万的样子,而且是在多家银行,在同一天的时间内贷到的这个款。

阎启忠:对呀,那我只能认为她是给她贷款的那些银行行长的领导,不然的话,怎么会同一天都能满足她贷款的需要呢?而且这个贷款都发放下来了。

(《新闻调查》2007年4月23日播出)

钱思解是当事人陆家嘴联合房地产公司监事吴均军的丈夫。这份购买中央公寓房产的部分明细单清楚地显示吴均军于2004年11月17日一天之内签约购买了这些房产。那么作为公司的高层领导，她怎么会在一天之内购买这么多房产呢？她买房是自用？转手？还是用于疏通各种关系？带着这些疑问，记者音频采访了吴均军的丈夫——时任世纪道公司董事长钱思解。

这种调查性质的连线是否录音、录像原则上要和被连线者进行沟通，但是为了获取第一手的证据资料，有的时候并不一定要和被连线者打招呼，还必须提问简洁、语气平和。像这种并非隐性的音频采访，记者可以直截了当地发问，以便明确地获取预期信息。所以记者会直接问："我只是想问一下，为什么你们要购买这15套房子呢？""钱先生，我们想了解就是为什么要购买15套住房？"对于被采访者的反问："为什么要了解？"记者回答得简洁明了又有理有节："因为你们是公司的高层管理人员，涉及你们是否滥用职权问题。"在之后的音频采访当中，记者为了调查清楚事情的真相继续提问，必要的时候也可以找到知情者从侧面去了解情况。

二、远程视频连线采访报道

远程视频连线采访报道是利用数字通信技术而进行的现代化的采访技术手段。以前电视媒体更多地使用通信卫星来完成远程视频连线采访报道，现在随着移动通信技术的日益发达，一个移动电话终端就能够完成音视频清晰且信号稳定的远程视频连线采访报道。

视频连线采访报道不但可以跨越空间距离，而且可以在节目中进行面对面的交流。一般情形下，视频连线采访报道在节目中显示记者和采访对象的图像及同期声，也可以经过特殊编辑插入活动画面。

在电视事业发达的时期，电视采访报道已不仅仅局限于演播室内的采访了。由于移动式卫星地面接收站的投入使用，人们亦能对现场新闻事件进行同步采访。美国有线电视新闻网（CNN）报道海湾战争，就不惜重金购置了小型伞状卫星通信设备，并将通信卫星同它的电缆电视网相连接，使记者的现场采访同总部演播室主持人的主持有机地结合在一起。1982年10月，美国全国广播公司（NBC）利用卫星，在中国北京和上海现场制作大型报道《变化中的中国》节目。节目通过卫星采访了美国前总统尼克松，当时的中国外交部部长钱其琛、上海市委书记江泽民等。

我国电视台也早已利用卫星进行同步采访报道。从发展的趋势看,远程视频连线采访报道正在朝着立体化、多元化方向发展。如以一个正在发生的重大新闻事件为主线,穿插其他报道,通过远程视频连线,以共时态报道方式播出。值得一提的是,随着电视事业的全球化发展,利用公用信号进行报道已成为一种趋势。在利用公用信号的同时,各电视机构都力图显示自己的特色,因而同步采访已成为立体报道的重要组成部分。最具代表性的全球化远程视频连线采访报道当属奥运会的多元化立体采访。

早在 1935 年德国奥运会时,电视就对重大体育比赛的同步传播进行了尝试。从 5 月 1 日到 16 日,收看奥运会电视转播的人达 15 万之多。这个人数在今天看来似乎微不足道,但在当时却是非常可观。因为 1935 年的电视业才刚刚显示出潜在的功用,世界上的许多国家还没有涉足这个领域。

奥林匹克运动会成为全球关注的盛会,在很大限度上是电视同步采访报道促成的。时至 20 世纪 70 年代中期,电视在世界范围内得到普及。也就在这时,美国广播公司(ABC)于 1976 年争得了奥运会独家电视转播权,素以出色的体育报道著称的 ABC 成功地转播了蒙特利尔奥运会。电视人对奥运会的同步播出远远超过了对一般活动的支持与重视,从而使奥运会形成全球性的号召力和感染力。1988 年汉城奥运会、1992 年巴塞罗那奥运会、1996 年亚特兰大奥运会、2008 年北京奥运会的空前盛况在电视屏幕上被充分展现,不同国家、不同民族、不同信仰、不同文化背景、不同语言的亿万观众在同一时刻聚集在电视屏幕前,共同为这个盛大庆典喝彩。

从奥运会的远程视频连线采访报道中,我们可以领略到现代技术对记者采访的作用,也可以领略到电视同步报道的魅力所在。记者要具备临阵发挥的能力、敏锐的观察能力、准确的判断力和高超的采访技巧,才能在这种利用现代技术手段的采访方式中发挥出较好的水平。

今天,民用数字移动通信技术的发展和进步,为远程视频连线采访报道展示潜在功能和力量提供了更为广阔的空间,电视记者对便携高效的数字移动通信设备和手段的掌握,直接关系到电视新闻传播的效果。

1. 特点和优势

(1)跨越空间。同远程音频连线采访相同,当因为地理距离远或者时间紧张来不及赶往目的地时,利用数字移动通信设备远程连线则可以跨越空间进行采访。

(2)节省时间。这种节省时间是相对的,因为比起远程音频连线采访报道,视频连线的设备调试需要更多条件和更长时间,但是比起记者赶赴现场还是要节省很多时间。

(3)真实可信。远程视频连线采访报道更真实可信,因为平面媒体都是文字配以照片,并不能确定原话是怎样说的;音频采访只闻其声不见其人,是不是当事人的声音短时间内也不好求证;唯有视频连线既有声音又有图像,具有真实、可信的特性。

2. 基本规则

远程视频连线采访报道应该遵循这样一些基本规则:

(1)交代身份,讲明意图。主持人或者记者首先要介绍清楚自己的身份,还要向观众介绍连线嘉宾的姓名和身份。

(2)认真倾听,核实细节。远程视频连线中主持人或者记者应该认真倾听,对于不清楚或者不明白的地方赶紧追加问题,以便观众能够明白和理解。在交流当中如果发现可以挖掘的信息点,可以继续追问,以免错过重要信息。

(3)语言简洁,客观公正。远程视频连线采访报道的目的是让观众快速、直观地了解连线终端的情况,所以主持人或者记者应该语言简练,尽量让对方多说,必要的时候才加以追问。在提问的时候应该语气平和、有理有节,同时保持媒体的客观公正性。

(4)致谢与回应。连线结束时,除了要感谢对方的报道或者参与,还要给视频连线导播和视频连接系统工作人员一个信号,表明连接完毕。有的时候多视窗连线,还要给其他视窗的被采访者一个提示,表明这里的连线还在继续。致谢与回应除了出于礼貌的考虑,还有同其他工作人员互相衔接和配合的作用。

下面通过实例了解一下远程视频连线采访报道。

例1:《360度》(节选)

董　倩(演播室主持人):各位晚上好,欢迎您收看正在直播的《360度》。今天下午,在日本东京,水均益专访了日本首相安倍晋三,接下来我们通过一个短片了解一下有关他此次采访的一些信息。

短　　片：水均益在日本东京采访日本首相安倍晋三。

董　　倩：看过短片之后，我们马上连线正在日本东京采访的记者水均益。水均益你好，刚才通过短片呢，我们已经听到安倍首相说了一句中国话："你们好！"感觉很亲切，那么作为采访者，你在见到安倍首相的第一时刻，他给你留下的印象是什么样的？

水均益（前方记者）：董倩，你好，我觉得安倍首相给我的第一印象是他比我想象得高大一些，我估计他的身高在一米七六到七八之间。另外一个就是他比我想象得更文质彬彬、更加谦和一些。就像我们刚才的短片所看到的，当我要求他对着电视镜头对中国的电视观众说几句话的时候，我也没有想到他会说一句中国话，显然他是有备而来的。他用中国话说了一句"你们好"，尽管他说得还有一点不太标准。这是一个感觉。另外还有一个感觉是他今天非常重视这次我们中央电视台对他的采访，这可以从我们采访现场场景观察到，包括他的随行人员（都这么认为）。因为我做过很多高端的采访，但是像这次，很早以前他的外务省和总理府就告诉我们这次采访现场他的随行人员可能达到十二三人，陪同安倍首相接受我们的采访。当然还有很多点点滴滴的细节都能显示出来安倍首相这次非常非常认真，也非常非常重视。董倩。

这一段远程视频连线采访报道包含在一档节目当中，属于节目的一个子栏目。节目的一开始主持人抛出话题，接着是相关新闻短片，然后才连线身处新闻事件当地的记者。

董倩的第一个问题并没有直接介入主题，而是从"那么作为采访者，你在见到安倍首相的第一时刻，他给你留下的印象是什么样的？"这样一个轻松的话题开始。当然水均益的回答也非常详细、具体，观众从他对安倍首相点滴之处的描述可以形象生动地感受到作为日本首相的安倍晋三的大致面貌和状态。这种并不直接加以评述而是从细节入手的方法有的时候会相对客观，也比较符合新闻采访的一些原则。然后主持人董倩又对水均益发问。

董　倩：水均益，你刚才说到一个细节问题，我们再关注一个细节。人们都说男性在出席一个什么样的场合的时候他扎什么样的领带可能向外界释放一个什么样的信息。从刚才的短片中，我们可以看到安倍首相系着一条深蓝色上面似乎有白色点或者格那样的一条领带，从你男性的角度来说，这样一个细节向外界透露出一些什么信息？

水均益：董倩，我觉得你实际上连我自己戴着的这条领带的用意都展示出来了。可能我觉得也没有那么深的学问，但是的确能够看得出来，安倍首相往往在出席一些重要的场合的时候都会戴着这样一条蓝色或者碎的蓝格的领带，表示出一种庄重、谨慎，也不乏一种活泼。另外呢，他的西服的左上角有一个小小的日本国旗的标志，从这个细节也能够看出他非常重视这次采访……在采访的时候，我也跟他开了一个小小的玩笑，我说听说在日本你曾经被评为衣着最酷的男性。他听了之后大笑，他说那是按照日本政治家或者国家领导人的这样一个标准评选出来的，不能说明什么问题。董倩。

对于细节的洞悉正是新闻记者新闻敏感的具体体现，主持人董倩通过水均益的描述和短片的画面又发现了一个能够传达新闻信息的细节，那就是安倍首相的领带图案和服装搭配向外界透露出一些信息。

对于董倩的细心就连水均益都觉得有些诧异，这个问题也正好自然过渡到了下一个话题，那就是安倍首相非常重视此次中国中央电视台对他进行的采访。水均益也把安倍首相轻松幽默的一面通过生动、具体的描述呈现给了主持人和电视观众。

显然主持人董倩对记者水均益此次出行的细节是比较了解的，否则她不会提到赠送给安倍首相的那幅画。水均益用了比较详细的描述来诠释赠送画作的用意和内涵，并且把安倍首相欣然接受和表达了诗句一样美好感言的细节也表述得清清楚楚，让我们收看他的连线报道好像身临其境一般。

董　倩：我们从刚刚传回来的画面里面可以看到，你今天下午在采访的时候向安倍首相赠送了一幅画，你送的这幅画的内容是什么？你希望能够传达一种什么样的含义？

水均益：这幅画也是我们一个同事赠送给我们栏目组的，那么这幅画实际上是中国南方的一种真丝绣，这幅真丝绣的画的内容是咱们中国近代非常著名的艺术大师吴昌硕的《桃花图》。因为大家知道，现在是日本樱花盛开的季节，那么在中国，3月份是桃花盛开的季节，所以我们当时在选择画的时候，也觉得这幅画的含义非常不错，显示的是一种欣欣向荣或者万物复苏、春暖花开的这样一种感觉。所以当我把这幅画介绍给安倍的时候，我发现他也在认真地看，而且还问画中的诗词是什么，我也简单地做了一个介绍。可能这也是一种采访的小技巧，当然同时也是一种巧合，天气、季节帮了我们很大的忙。我们在以后的详细的报道当中应该还能够看到。安倍首相说到如何准备欢迎温家宝总理访问日本的时候，他其实说了一段很美的话，当然翻译得可能不太准确，我在这里可以向大家念一下。他说："4月份，日本是春暖花开的美丽季节，冰也融化了，新的绿芽也已经长出来了，花也开了。在这个美丽的时候，温总理来访，我感到非常高兴！"所以我觉得我们这幅画也正好契合了这样一个主题。另外，董倩，我也想借这个采访的机会，也跟大家说一下，其实我们今天这个采访，我个人认为最大的新闻就是安倍在回答我一个问题，就是说如果温总理邀请他在今年年内再次访华的话他会不会接受，安倍的回答是我愿意考虑在今年年内再次访华。这是今天一个很大的新闻，因为在这之前，很多媒体都猜测安倍会不会接受今年第二次到中国访问的邀请，所以我认为在今天的采访中，这是一个具有新闻价值的东西。

董　倩：水均益你刚才说你发现了今天的一个具有新闻价值的信息，那么在此次采访中，你认为在和安倍进行交流的时候，他传达出来最重要最有价值的信息是什么？

水均益：我觉得他传达出来最重要最有价值的信息就是他作为日本的首相、日本的领导人，他非常愿意和中国发展一种长期的、战略的甚至是互惠的关系。在回答这个问题的时候，他的第一句话就是日中关系是最重要的双边关系之一，这个话在以前并不能听得到。另外一点就是安倍对日中发展这种关系他还有他自己的一种想法，比如说增进日中民间的和年轻人之间的交流。他希望两国之间的文化啊、传统啊，包括历史和政治都能有更多的交流和了解，以至于达到更多的理解。当然现任的日本首相安倍呢，他的立场和政策也是固定的，看得出来他在说这些的时候比较谨慎，甚至带有很多外交辞令，比如当我们问到他对于一个历史问题怎么看待的时候，他回答说："我作为日本首相，我会非常谦虚地来对待历史的问题，来正视历史。"回答得非常简短，但是能看出来这是外交辞令，也看得出来在这个问题上他还是比较谨慎。董倩。

董　倩：还有一个问题，温家宝总理马上就要访日了，那么在温总理（到访）之前，你有没有在日本的街头巷尾采访到日本的民众，有没有了解日本民众对即将到来的温家宝总理访日他们的心态是什么样的？

水均益：的确是有的，在采访安倍首相之前，我们也在做一些场景的拍摄和对日本老百姓的采访。据我的了解，绝大多数日本民众对中日关系还是比较关心的，大多数人都知道中国的总理要到日本来，而且是具有某种历史意义的，因为这是7年来中国总理第一次正式访问日本。前两天我们在东京的街头也做了一些随机的采访。一些人就认为这次温总理访日能够对中日未来经济的发展、人员的交流、文化的交流等起到很好的作用，而对于化解两国在政治上的分歧、某些政治敏感问题的误解甚至是不理解将起到很大的帮助。据我了解，日本人比较务实也比较注重经济生活。在去年安倍访问中国后，很多日本人开始关注中国的股票，甚至于有日本雇员也在购买中国的股票，像中石化、中石油这样一些股票。可以看出来他们对温总理访问日本是高度关注的。董倩。

董　倩：好的，水均益，非常感谢你给我们带来的关于采访的更多的信息，我们也期待尽早看到你对安倍首相的专访。

（《360度》2007年4月6日播出）

不同于那种主持人开门见山地在节目抛出话题，然后邀请嘉宾热烈地讨论，这段远程视频连线整体氛围比较轻松，看似关注的是表面的一些细节，但是实际上隐含的都是非常重要的新闻信息。这不但是主持人和记者的一种报道采访的技巧，同时也体现了他们良好的新闻素质和深厚的表达功底。

思考和练习

1. 连线报道有哪几种主要形式?分别说出其特点。
2. 远程音频连线采访报道和远程视频连线采访报道有哪些异同?
3. 在连线报道中,记者或者主持人应该具备哪些素质和能力?
4. 哪些新闻事件的连线报道给你留下了深刻印象?试分析其成功的原因。
5. 试着对某新闻事件或者身边发生的事情做一个模拟连线报道(可不借助连线设备)。

主要参考书目

张颂. 播音语言通论:危机与对策[M]. 北京:北京广播学院出版社,2002.

张颂. 朗读美学[M]. 北京:北京广播学院出版社,2002.

张颂. 播音创作基础[M]. 北京:北京广播学院出版社,1990.

张颂. 广播电视语言艺术:中国广播电视语言传播研究[M]. 北京:北京广播学院出版社,2001.

付程. 实用播音教程(第2册)[M]. 北京:北京广播学院出版社,2002.

叶子. 现代电视新闻学[M]. 北京:中国广播电视出版社,2005.

姚喜双. 播音学概论[M]. 北京:北京广播学院出版社,1998.

白龙. 电视新闻播音技巧[M]. 北京:中国广播电视出版社,2004.

陈京生. 电视播音与主持[M]. 北京:北京广播学院出版社,2000.

任远,曲晨曦. 电视主持人300问[M]. 北京:中国国际广播出版社,2006.

曾祥敏. 电视采访[M]. 北京:北京广播学院出版社,2002.

吴信训. 新编广播电视新闻学[M]. 上海:复旦大学出版社,2006.

江欧利. 中国广播电视新闻奖2003年度新闻佳作赏析[M]. 北京:新华出版社,2004.

后 记

终于完成书稿,付梓之际,墨香犹存,掩卷沉思,感慨万千。

电视新闻播音主持是实践性非常强的一门语言艺术,其理论依据和实践都来源于电视新闻的具体现实情况。本书虽然是就电视新闻播音主持这个具体的语言学和新闻传播学分支进行的阐释和分析,但是本书和电视新闻事业迅速发展的现实之间的关系,如同书面语和口语的关系一样,总是前者滞后于后者。书面语一经记录下来就开始滞后于仍在发展的口语,本书写就之后便又开始滞后于日新月异发展的电视新闻事业。

也许正是这个遗憾,才能够推动我们的专业教学科研工作不断向前;也正是由于这样,才需要我们从业者不断地关注业界,及时地分析和总结,始终保持与业界实践一线现实情况同步,与时俱进,并不断地开拓创新。

本书的编写基于笔者在电视新闻播音主持课程教学当中的部分讲义和教案,同时由于篇幅有限增删了很多内容,比方说电视新闻发展概况和电视新闻播音主持的理论发展概况等,对原本在教学当中专章讲述的体态语言等内容也进行了删减,只保留了简明的要点。

正因为电视新闻播音主持具有实践性强的特点,本书附有大量的练习素材,都来源于国内主流媒体播出的节目,并且对电视新闻播音主持的主要类型有针对性地进行训练。

在笔者教学和写作本书的过程当中,每一步都是沿着前辈夯实的业务和理论基础走来的，那一本本理论专著和经验总结给笔者以启迪，并提供了极有价值的参考，笔者也从中汲取了极其丰富的营养，这些营养已经融入笔者体内并将受用终生。

笔者最大的心愿就是希望本书能够给读者带来一些切实的帮助，哪怕是给读者在具体实践中一点点的帮助都将是笔者最大的满足。同时也衷心希望业内的专家学者和同行提出自己的真知灼见，更希望能够提出批评和建议，这对笔者来说这也是一次难得的学习机会和一种特殊的业务交流。

万千感慨最终都汇聚到"感激"二字。尤其要对为本书撰写序言的张颂教授表示感谢，他在百忙之中认真评阅书稿，并提出宝贵的意见和建议，让晚辈受益匪浅之余，对老先生严谨认真、一丝不苟的治学态度敬佩不已！

整个成书过程中我要感激的人太多，感激我的家人对我的理解和支持，感激我的良师益友对我的帮助和鼓励，更要感谢中国传媒大学出版社给我提供的机会。本书编校过程中，正值编辑赵欣怀有身孕数月，这里我对为本书出版不辞辛劳的赵欣表示深深的谢意！

最后，期待读者批评指正！

仲梓源

2008 年 1 月于北京源苑

图书在版编目(CIP)数据

电视新闻播音主持教程 / 仲梓源著. -- 3 版. -- 北京：中国传媒大学出版社，2024.6.

ISBN 978-7-5657-3680-3

Ⅰ.G222.2

中国国家版本馆 CIP 数据核字第 2024Z8W462 号

电视新闻播音主持教程（第三版）
DIANSHI XINWEN BOYIN ZHUCHI JIAOCHENG（DI-SAN BAN）

著　　者	仲梓源
策划编辑	赵　欣
责任编辑	高卓毓
责任印制	李志鹏
封面设计	拓美设计

出版发行	中国传媒大学出版社		
社　　址	北京市朝阳区定福庄东街 1 号	邮　编	100024
电　　话	86-10-65450528　65450532	传　真	65779405
网　　址	http://cucp.cuc.edu.cn		
经　　销	全国新华书店		
印　　刷	艺堂印刷（天津）有限公司		
开　　本	787mm×1092mm　1/16		
印　　张	13.75		
字　　数	238 千字		
版　　次	2024 年 8 月第 3 版		
印　　次	2024 年 8 月第 1 次印刷		
书　　号	ISBN 978-7-5657-3680-3/G·3680	定　价	49.80 元

本社法律顾问：北京嘉润律师事务所　郭建平